沖縄50年の憂鬱

新検証・対米返還交渉

河原仁志

光文社新書

まえがき

１９７２年５月15日に沖縄が日本に返還されてから、今年（２０２２年）でちょうど50年になります。読者の皆さんは、「沖縄返還」という言葉に何を感じるでしょうか。ちょっと生真面目な中高年世代は「戦争で奪われた領土を平和裏に取り戻した日本外交の金字塔」、あるいは「『密約』にまみれた現代史の汚点」。若い世代にとっては、夏休みに行くリゾート地が米軍に占領されていたことは、現実感の薄い「歴史」にすぎないのかもしれません。いずれにせよ、半世紀前の出来事はほぼ検証され、学ぶべきものは学び取ったというのが大方の見方ではないでしょうか。

私は返還から10年経った82年に通信社の記者となり、普天間飛行場の県外移設が果たせなかった鳩山《はとやま》由紀夫《ゆきお》・元首相や安倍《あべ》晋三《しんぞう》政権と闘った翁長《おなが》雄志《たけし》・沖縄県知事へのロングインタビューなど、折に触れて「沖縄」を取材してきました。その過程で、沖縄の人たちの本土に対する違和の原点が半世紀前の返還にあることをぼんやりと感じてきました。その正体が知りたくて、通信社を退いてから沖縄に関する日米の公文書、証言録、日記などを片っ端から読み漁《あさ》りました。それは傷んだモノクロ写真の色調を一つひとつ比べてカラー化し、復元していくような作業でした。

さまざまな記録や証言を単独でみるのと、それぞれを重ね合わせ比較対照していくのとでは、事実に対する見方が大きく変わってきます。「50年」という時間軸を経て歴史を遡《さかのぼ》ると、正負の評価が逆転することもあります。そこで浮かび上がってきたのは、私たちが〝常識〟として知る「正史」とは異なる景色でした。

例えば、皆さんは「沖縄返還」のきっかけをつくった人を知っているでしょうか。佐藤栄《さとうえい》作《さく》首相が、なぜ「早期返還」「核抜き本土並み」をスローガンにしたかご存知でしょうか。米政権が返還交渉に応じた、本当の理由を知っていますか。私はこの研究を始めるまで、多くの誤解をしていました。

本書は、沖縄返還にまつわる「通説」を検証し、半世紀後の「答え合わせ」をすることが第一の目的です。皆さんの中にある「常識」と照らし合わせながら読んでいただくと、「日本外交の金字塔」の違った姿が見えてくると思います。

もう一つ、文献の渉猟《しょうりょう》を重ねるうちに深く思い至ったことは、この返還交渉こそが、いま私たちが暮らすこの国の在りようや政治の姿、あるいは日米関係の原点であるということです。

米国との交渉では、米政権が「早期返還」を果たしたい佐藤首相の思いを逆手に取って、さまざまな要求をふっかけてくる場面が随所にあります。佐藤首相は今の政治家に比べれば理念を持った宰相だったと思いますが、それでもズルズルと譲歩していきます。そして合意後、返還に至るまでの過程では無残なほどに後退を強《し》いられ、今日の「対米従属」「日米同盟」の原型ができあがるのです。そこには対米関係を命綱として仕事をしてきた〝安保族〟と呼ばれる外務官僚の存在も見え隠れしています。

沖縄返還の裏側では、本土基地機能の沖縄移管が静かに進んでいました。本土の反基地闘争に業を煮やした米側の戦略ですが、日本政府はこれに見て見ぬふりをします。現在に至る沖縄の基地固定化は、実は本土復帰と並行して基盤形成されていたのです。

沖縄に基地が集約されたことで、本土からは米軍の存在が不可視化され、安保の負担を感じなくなった本土世論は、次第に「日米同盟」を支持するようになります。つまり沖縄返還は、安保法制や特定秘密保護法で完成形に至る今日の「日米同盟」の起点であり、けっして歴史の中に埋没した出来事ではないのです。

今年初めに起きた沖縄県での新型コロナウイルスの感染急拡大は、そのゆがみをあらわにしました。外国人の入国禁止措置の中、〝治外法権〟の基地に入ってくる米兵が持ち込んだオミクロン株は、あっという間に全国に広がりました。基地の負担を辺境に置くことで成立していた「日米同盟」は、皮肉にもコロナウイルスによって、その実像を私たちに見せつける形となりました。

本書は１９６０年代半ばから70年代前半にかけての沖縄返還交渉を時系列的に追いながら、これまでの「通説」を公文書や関係者証言などの事実と照らし合わせながら解明していく構成です。沖縄に関する読者の皆さんの常識が再構成され、現在のこの国の姿を見直すきっかけにしていただければ幸いです。

なお、本文中の人名は原則として敬称を略し、外務省北米局（一時アメリカ局）、国防総省（以前は国防省）など時代によって変わる組織名も原則、現在名称としました。

沖縄50年の憂鬱　新検証・対米返還交渉　目次

第2章　交渉の経緯

第1章 復帰の背景

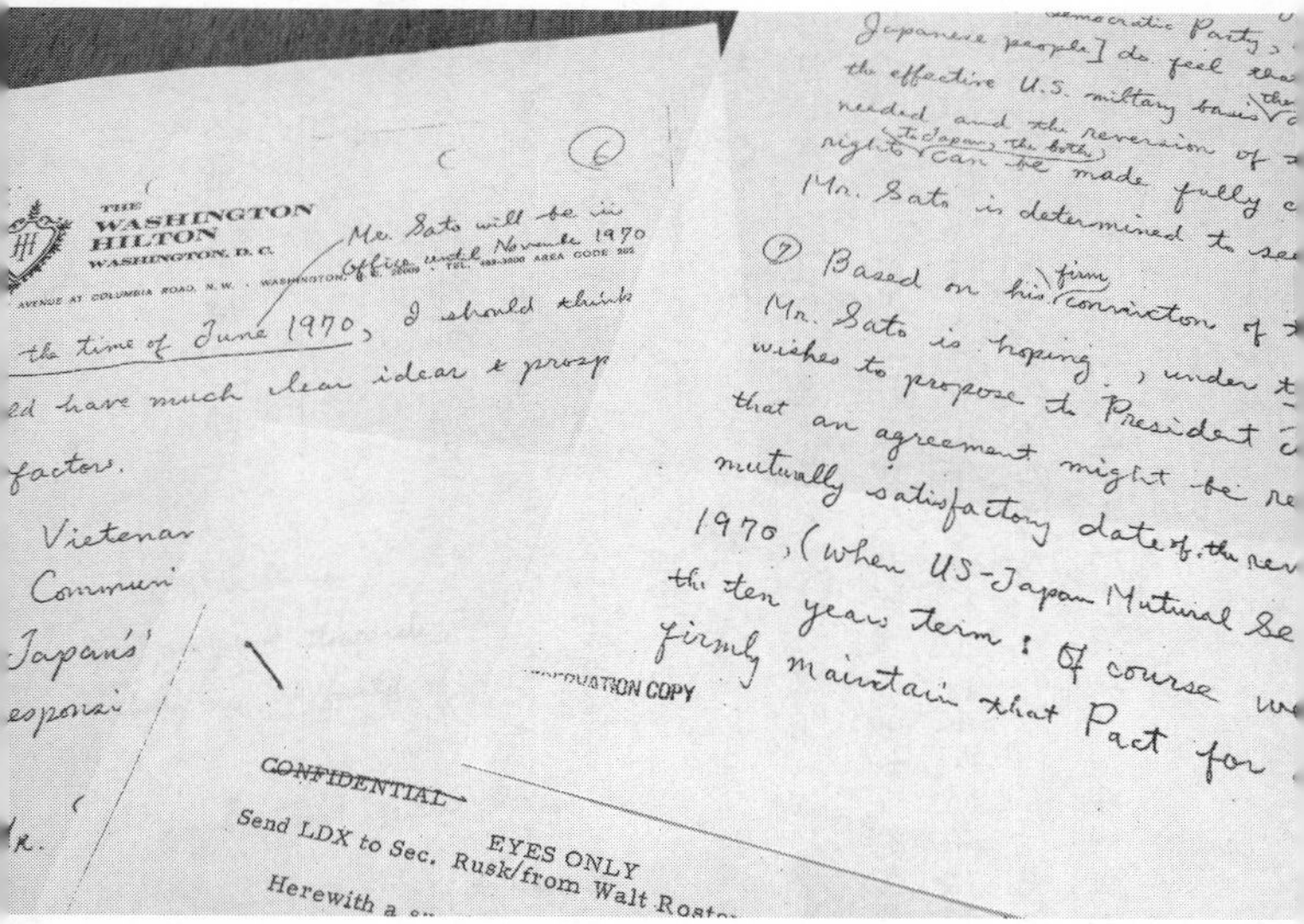

沖縄返還交渉の密使・若泉敬がロストウ大統領特別補佐官に渡したメモ。
「サトウは1970年11月までが首相任期」の書き込みがある。

１・１　佐藤栄作はなぜ「早期」返還にこだわったのか

当初の看板公約は日中国交回復だった

最初の問いは、佐藤栄作という政治家が、なぜ沖縄返還を発議したのか。どうして「早期」の復帰にこだわったのか。これを読み解いていきます。これらの点は返還が現在の日本や沖縄に何をもたらしたかを考える上で、とても重要な要素になってきます。そのことは後々考えるとして、まずは佐藤と沖縄の関わりについて探っていきましょう。

佐藤は東大法学部出身で鉄道省（国土交通省）の官僚を経て政界入りし、吉田《よしだ》茂《しげる》の門下生となります。そして１９６４年11月に池田《いけだ》勇人《はやと》首相の病気辞任を受けて総理大臣となり、７年８か月の長期政権を築きます。これは安倍晋三に破られるまで、戦後の最長記録でした。

では、沖縄との接点はどこにあったのか。佐藤は１９０１年生まれ。日本が戦争に負けた１９４５年当時は40代半ばで、大阪鉄道局長でした。ご存知の通り、兄の岸《きし》信介《のぶすけ》は戦時内閣の閣僚だったわけですから、敗戦間際に沖縄で県民の４人に１人が亡くなった悲惨な地上戦があったことはよく知っていたはずです。

ただ、公開されている本人の日記や政界に転じた後の活動記録を見ても、佐藤が沖縄に対して深い思い入れを築いた形跡は見当たりません。

佐藤より少し後の自民党の政治家の中には、「沖縄族」と呼ばれた人たちがいました。鹿児島県出身で、地元薩摩の琉球侵攻[*1]（１６０９年）によって「祖先が沖縄に迷惑をかけた」との贖罪《しょくざい》意識を持ち、戦後の沖縄振興に尽力した山中貞則《やまなかさだのり》、早大の学生時代から沖縄に通い詰め、首相として沖縄サミットを誘致した小渕恵三《おぶちけいぞう》、さらには梶山静六《かじやませいろく》、野中広務《のなかひろむ》らがそうした人たちです。彼らの思いの中には保守政治家として政策を遂行していくための知略も含まれていましたが、それでも苦難の歴史に寄り添おうという姿勢は沖縄の人々にも通じたようで、山中などは沖縄県から名誉県民第一号に選ばれています。

しかし佐藤には「沖縄族」が持っていた贖罪意識や憐憫《れんびん》の情は、記録を見る限りうかがえません。沖縄でも「本土復帰を実現させた立役者」の割には扱いが冷淡にみえます。

では、その佐藤がどうして沖縄返還を思い立ったのでしょうか。

戦争で奪われた領土を取り戻すという使命感は、多かれ少なかれ当時の政治家には誰にでもあったでしょう。佐藤の恩師である吉田は、1951年9月の講和条約締結の際にジョン・フォスター・ダレス米大統領特使と折衝を重ね、沖縄の潜在主権[*2]が日本にあることを認めさせています。兄の岸も1957年6月の日米首脳会談で、沖縄の潜在主権の存在を共同声明に書き込むことに成功しました。しかし、次の首相の池田勇人は所得倍増計画など経済政策に力を入れ、沖縄問題には深入りしていません。

実は佐藤も、当初は沖縄返還を看板政策にするつもりはありませんでした。佐藤が公に「沖縄返還を米国に要求する」と言い出したのは、初めて自民党総裁選に立候補した1964年7月です。この時佐藤は現職の池田に負けますが、自民党内では「なぜ佐藤が沖縄を公約にしたのか」と訝《いぶか》しく思った人も多かったようです。佐藤が沖縄返還を終生の政治課題とするようになったのは、この直前にあったある出来事がきっかけでした。

総裁選の準備段階で、佐藤は中国との国交回復を公約として掲げる腹積もりでした。その足掛かりをつくるために佐藤は、池田内閣の閣僚時代から中国国際貿易促進委員会主席と会談するなど、中国との人脈づくりに精を出していました。国家主席だった劉少奇《りゅうしょうき》との面会を画策しますが、北京の反応ははかばかしくありません。そうこうするうちに、政治の師である吉田茂から忠言を受けます。佐藤の長男・龍太郎《りゅうたろう》によると、佐藤は吉田からこう言われたそうです。

「日本が世話になったのは蒋介石《しょうかいせき》だぞ。戦争で負けた相手も蒋介石で、それにもかかわら

ず、日本の兵隊を黙って返してくれたんだ」[☆1]

　つまり中国への接近は、温情を掛けてくれた蒋介石率いる台湾（中華民国）に申し訳が立たないということです。そして吉田はこうも言いました。

「もう一つ大事なことがある。それは沖縄だ。池田はどうも熱心ではない。領土問題は繰り返し折衝を続けることで解決に向かう」

　龍太郎は「父は律儀者だから吉田さんのいうことは１００％聞いた」と話しています。この龍太郎の証言を裏付ける物証は存在しませんが、総裁選を前に日中国交回復から沖縄返還へと方向転換した背景としては説得力のある話だと思います。

　龍太郎の証言の中に、「池田はどうも熱心ではない」という吉田の指摘があります。たしかに首相の池田は、領土問題を意識していた前任の岸や鳩山一郎《はとやまいちろう》など歴代の政権に比べ内政に集中し、しかも高度経済成長の恩恵で支持率も高い政権でした。そこに佐藤が挑むとすれば独自色を打ち出し、目先を変える必要があった。戦争で奪われた領土を取り戻すという公約は国民のナショナリズムを刺激し、日中問題よりも訴求力がありました。

　戦後政治史に詳しいカリフォルニア大学サンタバーバラ校の福井《ふくい》治弘《はるひろ》名誉教授は、沖縄を公約としたことについて「いまだ人気のそれほど衰えていない現役首相（池田）に対する佐

藤の挑戦に一種の大義名分を付与するもの」と分析しています。[☆2]

佐藤を沖縄返還という外交課題に仕向けた最大の要因は、沖縄への思い入れではなく、恩師の忠言と総裁選に向けてのしたたかな戦略だったと考えるのが妥当でしょう。

訪沖「歓迎」に一筋の光

もう一つ佐藤の背中を押したのは、「Sオペ」と呼ばれる政策立案集団でした。佐藤は本格的に首相を目指すようになった63年12月、親しくしていた産経新聞政治部デスクの楠田《くすだ》實《みのる》に政権構想の立案を要請しています。後に首相秘書官となる楠田はこの時、ジャーナリストや若手官僚などを集めた政策集団をつくります。この私的グループは佐藤の頭文字「S」を取ってSオペレーション（Sオペ）と呼ばれました。Sオペは外交から内政までさまざまな政策課題を網羅的に取り上げますが、64年5月の勉強会で沖縄問題を議論した際に、「沖縄に限った日米琉の軍事基地協定を暫定的に結んで返還を促す」という提言を示します。つまり、米国が重視する基地には一切手を付けないとの協定を結んで施政権を返してもらうという構想です。佐藤はこれに「非常にいい」と感じ入りました。[☆3]

佐藤はちょうどその頃、前述したように吉田から忠言を受けて、64年7月の自民党総裁選の準備をしていました。沖縄問題についてはまったくの素人だった佐藤にとって、初めて返還への道筋がぼんやりと浮かんできた瞬間だったのでしょう。意を強くした佐藤は、７月初めの総裁選出馬記者会見で初めて「（首相になれば）米国に沖縄返還を要求する」と明言します。

前述のように、佐藤はこの時の総裁選で池田に敗れます。しかし池田は10月の東京五輪閉会直後に病気で辞任（65年８月に喉頭がんで死去）。池田の後継指名で佐藤は11月に首相に就任しました。

４か月前の総裁選で沖縄返還を掲げた佐藤でしたが、首相の座を勝ち取った直後の国会での所信表明演説では、なぜか沖縄に言及していません。看板公約にするなら所信表明の機会に真っ先に訴えるはずですが、この時の佐藤には実現の可能性がまだ見えず、逡巡があったようです。その背景には、対米交渉を担う外務省の存在がありました。

佐藤は政権に就くと同時に、外務省と返還問題について協議を重ねています。しかし外務省幹部は、総じて返還交渉に慎重でした。なにしろベトナム戦争が真っ盛りの時期です。外務省はベトナムへの補給拠点として沖縄の基地を使っている米国が交渉に応ずるはずはないと端《はな》から考えていました。実際の交渉を委ねる外務官僚が消極的だったことは佐藤を戸惑わせたようですが、佐藤は何とか糸口を見つけようと知恵を絞ります。

その一つが、首相として初の沖縄訪問でした。沖縄は米国の統治下です。日本人が沖縄を訪れるには首相といえども米国の許可が要ります。米国は沖縄施政に日本が介入することを嫌っていて、64年7月まで施政のトップを務めたポール・キャラウェイ高等弁務官[*3]は特に対日強硬派でした。外務省も当然、時期尚早との考えでした。

米公文書によると、64年12月、佐藤は年明けの訪米準備のため駐日米大使のエドウィン・ライシャワーと会談した際、ひそかに沖縄訪問の可能性を打診しています。内外の情勢からダメ元だったのかもしれません。しかし、この時の米側の反応は意外なものでした。数日後に米大使館が寄越した回答は「歓迎する」。佐藤にとっては返還交渉に向けた明かりが見えた瞬間でした。と同時に、前向きの情報を上げてこない外務省に不信の念を抱くきっかけにもなったようです。

佐藤の訪沖は65年8月に実現します。このとき佐藤と一行は、那覇市内で即時無条件復帰要求を掲げる激しいデモに遭遇します。復帰を望む沖縄のエネルギーと日米安保の危機を、佐藤自身が肌で感じることになりました。

さて、佐藤は65年1月に最初の訪米をし、リンドン・ジョンソン大統領と日米首脳会談を行います。会談後の共同声明では、「(佐藤は) 琉球及び小笠原諸島の施政権ができるだけ早い機会に日本へ返還されるようにとの願望を表明」しますが、これは岸や池田ら過去の共同声明の言い回しとほぼ変わりありません。むしろ佐藤は会談で「中国の問題が重要」と、あきらめたはずの日中問題に未練を残すようなことを言っています。このあたりは、まだ佐藤の揺れる心中が垣間見えます。沖縄についての知識もまだ乏しかったようで、訪米前の勉強会では「沖縄ではちゃんと日本語で教育しとるのかね」と質問し、事務方を驚かせています。佐藤が公約とした沖縄返還は、この時点ではまだまだ生煮えの状態でした。

返還の触媒になった安保への危機感

佐藤には沖縄返還を公約とした理由がもう一つありました。それは70年6月が期限となる日米安保条約の延長問題です。

ご存知のように、佐藤の兄である岸は60年の安保改定の際の強行採決で世論の批判を浴び、退陣を余儀なくされています。学生らが国会を取り囲み、死者まで出した60年安保騒動当時、蔵相だった佐藤は首相官邸に兄とともに泊まり込みました。佐藤は外のシュプレヒコールを聞きながら戸棚からブランデーを取り出し、「兄さん、一杯やりましょうや」と岸を励ましています。[☆4] 佐藤にとっては、二度とあってはならない国家の危機でした。

岸が政治生命をかけて改定した安保条約の10条では、条約の期限を10年とし、その後は日米どちらかが1年前に通告すれば廃棄できるとなっていました。その期限は、70年6月22日でした。

60年代半ばの日本では、学生を中心としたベトナム反戦運動が盛んでした。それは沖縄を長期占領する米国への反発とも重なって、反米・反安保へと広がりを見せていました。自民党政権もまだ盤石《ばんじやく》とはいえず、何かのきっかけで自民が衆院の議席過半数を割り込めば、安保条約が廃棄される可能性がありました。

米国からの沖縄返還は、そうしたベトナム反戦運動の根底にある反米感情を和らげる絶好の機会でした。もちろん、佐藤自身はそんなことはおくびにも出しません。しかし、佐藤の間近にいた人たちは、返還交渉に隠された安保継続という意図がはっきり分かっていました。

少し先の話になりますが、67年11月14日、佐藤は沖縄返還のきっかけをつかむために、ジョンソン大統領との二度目の日米首脳会談に臨みます。その直前、佐藤は京都産業大学教授で国際政治学者の若泉 敬《わかいずみけい》[*4]を密使としてワシントンに送り込みます。相手は、ジョンソン政権で安全保障問題担当の大統領特別補佐官だったウォルト・ロストウ[*5]。この人は著名な経済学者で、若泉ともかねてから知遇がありました。米東部時間12日夕、ロストウ邸の夕食会に招かれた若泉は、ホテルの便せんに書いた6ページのメモをロストウに渡します（章扉の写真を参照）。このメモは後年、米側が公開しています[☆5]。

そこには英文で「サトウは日米安保条約が10年の期限を迎える１９７０年6月以前に返還合意がなされることを望んでいる」と、ずばり記されていました。

さらに、このくだりの後には「左派勢力が反安保や反米を扇動するために沖縄を政治問題化させようとしており、この時期までに返還合意することは日米にとって最善の策だ」とあります。メモは若泉の手書きですが、外務省を通した公式ルートでは伝えられない佐藤の真意をまとめたものであることは間違いありません。

佐藤自身は公の席で、沖縄返還と安保条約の継続期限を関係づけて話したことはありませんが、このメモは、佐藤がこの二つの関係性を強く意識していたことを表しています。そして、その関係性が米側を返還に前向きにさせる大きな要因であるはずだとの思いも率直に記されています。

若泉は、自身が関わった沖縄返還交渉の顛末を書いた著書『他策ナカリシヲ信ゼムト欲ス』の中で、「佐藤が最も神経を張り巡らせたのは安保10条に基づく10年の条約固定期限が切れる（昭和）45年6月22日をいかに無事平穏に乗り切るかだった」と明記しています。

沖縄返還交渉には、もちろん戦争で奪われた領土を取り戻すという大義がありました。一方で、佐藤は70年安保問題の争点化を避けるための「手段」として沖縄返還を強く意識していました。だから、返還の合意は何としても70年以前でなければならなかったのです。基地の在り方や米軍の役割への深い洞察は、そこにはありませんでした。

そして、その思いは米政権も同じでした。米国にとって安保条約は日本に基地を展開するための根拠法のようなものです。安保条約6条1項には、「日本国の安全に寄与し、並びに極東における国際の平和及び安全の維持に寄与するため、アメリカ合衆国は、その陸軍、空軍及び海軍が日本国において施設及び区域を使用することを許される」とあります。この条文があるからこそ、米軍は日本全国に基地を持っているのです。

もし、自民党政権が倒されて「反安保」を掲げる革新政党が政権についたら安保条約が廃棄され、在日米軍が撤退を余儀なくされる恐れが出てくる。今ではなかなか想像がつかない話かもしれませんが、当時は学生運動や労働組合の活動も活発で社会党、共産党といった革新政党にも勢いがありました。したがって、当時のジョンソン政権にとっても安保条約が70年の期限をうまく乗り切れるかは極東の安全保障政策上、死活的に重要な政策テーマだったのです。それはすなわち、講和条約と旧安保条約に調印した吉田茂の系譜を継ぐ親米派の佐藤政権を守ることでもありました。つまり、日米双方にあった70年安保継続への危機感が沖縄返還への触媒になったのです。

必ずしも沖縄に思い入れがあったわけではない佐藤が沖縄返還を打ち出した背景には、日米共通の懸案である70年安保問題が横たわっていたわけです。

「合意時期の合意」の裏側

佐藤がなぜ「早期」の沖縄返還を目指したか、という二つ目の問いにも、「70年に迫った安保条約の継続」という答えが見えてきました。しかし、それだけではありません。

佐藤は67年11月の首脳会談で、「早期」返還を実現するために、ある〝賭け〟に出ます。それは返還時期の合意は無理にしても、返還に合意する時期だけでも合意したい、というものでした。「合意の時期の合意」。なんとも苦肉の策ではありますが、それだけ佐藤は「早期」の返還に執念を燃やしていたわけです。

外交交渉で合意時期の目途付けは、双方の条件がある程度煮詰まってから決めるのが常道です。この時点で日米は返還後の沖縄の基地をどうするか、貯蔵されている核を撤去するかといった条件についてはまったく詰めていませんでした。だから外務省は合意時期の目途付けには反対でした。佐藤が公式の外交ルートを無視して若泉を密使として派遣した理由は、ここにありました。若泉が佐藤に託されたのは「2～3年以内に合意時期を決める」という点を共同声明に書き込むことでした。「70年までに」とせず「2～3年以内」としたのは、安保延長問題との関係性を薄めるためです。

首脳会談直前に若泉がロストウに安保条約継続のために70年以前の合意を促したメモを渡したことは先に述べました。そこにはもう一つ注目すべき箇所があります。最終ページの欄外にある追加的な書き込みです。そこには「サトウは１９７０年11月までが首相任期」とありました（章扉の写真を参照）。この任期は正確には自民党総裁としての任期です。つまりこの書き込みは70年11月には自民党総裁選が行われ、総裁、つまり首相が代わる可能性があることを示唆しています。

これは、親米派である佐藤が政権を担う間に沖縄返還の合意をしておけば安保条約も安泰だよ、というメッセージであると同時に、佐藤自身の「自分の任期中に返還合意を」という政治的野心をうかがわせています。

米国の施政を脱して日本に復帰することは、何より沖縄の人々の切なる願いでした。佐藤自身もそれを「早期」返還の大義としました。一方で、佐藤自身にも返還が「早期」でなければならない事情があった。つまり〝外交の常道〟をうっちゃり、「合意時期の合意」という変則技を繰り出した裏には、沖縄とは関係のない安保条約継続と佐藤自身の政治日程があったのです。「70年6月」までの合意は、佐藤にとってさまざまな意味で譲れない一線だったということです。

　では、米側はこれにどう対応したのでしょうか。ロストウはメモを受け取った夕食会の前日にホワイトハウスで若泉と会談した際、ベトナム戦争や中国の動向に見通しがつかないことを理由に挙げ、「返還のタイミングを（共同声明の）文面に入れることには難点がある」と後ろ向きの姿勢を示しました。[☆6]

　しかし、若泉も必死でした。「もし、それさえ約束できないというのだったら、沖縄に住む人々をはじめとして日本国民は、アメリカは永久に沖縄を返還する意思はないとみなすだろう。そのことは、米軍基地反対をふくめて反米運動の激化を惹き起こすだろう」と半ば脅しのような反論をしています。そしてその直後には態度を変え、「日本側の譲歩とか貢献とかあったら、率直に言ってもらえないか。総理に伝え、最善の努力をして説得する」と訴えています。翌日の夕食会で渡したメモは、佐藤の本気度を伝えるためのダメ押しだったのでしょう。結果、米側は妥協します。なぜ、米側が外交の常道から逸れた提案に応じたか。それには「外交は内政の反映」という金言を絵に描いたようなジョンソン大統領側の事情がありました。

米側にもあった内政事情

当時、ジョンソン政権の下で、ベトナム戦争は泥沼状態に入っていました。ソ連の支援を背景にした北ベトナムの激しい抵抗に遭い、勝てる見込みがなくなったばかりでなく、水面下での和平交渉もうまくいきません。国際社会だけでなく、米国の学生らの間でもアジアの小国に介入する政権の姿勢に反発が強まり、米議会も拡大する戦費で政権への批判を強めていました。つまり、この時のジョンソン大統領は国内で窮地にあったのです。

日本側でできることを、と若泉から持ち掛けられたロストウは大統領と相談します。そしてメモを受け取った翌日の13日、若泉とホワイトハウスで再び会い、三つの提案をします。[☆7]それは、①ジョンソン大統領のベトナム政策に理解と支持を表明する、②米国の国際収支を改善するため対日赤字の解消に努める、③日本がアジアへの経済援助を促進する、といった内容でした。佐藤は既に翌日から始まる首脳会談に備えてワシントン入りしていましたが、若泉から伝えられたこの提案を丸のみします。

会談初日の14日、佐藤は冒頭で、東南アジア各国はベトナムからの米国撤退を望んでいないことや、アジア諸国への経済支援を自ら切り出します。そのうえで沖縄返還について「ターゲット・デートが欲しい。この2、3年の間に、いつ返せるかというメドをつけられないだろうか」とジョンソンに直接訴えています。[☆8] さらに英文で「within a few years に双方の満足しうる返還の時期について合意することを目指して……」と書かれた共同声明案のメモをポケットから取り出して渡しました。初日の首脳会談はここまででした。

この直後、佐藤は国防長官のロバート・マクナマラと会談しています。この会談は首脳会談と同じ日だったために新聞はあまり重視しませんでしたが、実は、二つの重要な出来事がありました。一つは、マクナマラの発言です。会談の中ほど、中国の核実験に触れた際に佐藤は、「日本は核を持たず、米国の核の傘の下で安全を確保する決意だ」と述べます。これに対しマクナマラは、「それに関して琉球の問題がある。返還が日本国民の希望であることは承知している」と語った後、「They are bound to be returned.（これらの諸島はいずれ返還されることになっている）」と述べたのです。米政府の高官が公式の場で返還を〝公約〟したのは、これが初めてでした。新聞各紙はどこも報じませんでしたが、佐藤ら臨席者は大いに

勇気づけられました。[☆9]

ただ、マクナマラの趣旨はその後にありました。彼はこう続けます。「したがって問題は返還にあるのではなく、米国の基地にある」。そして沖縄基地の重要性について詳しく説明します。佐藤はこれを受けて「（基地の重要性は）よくわかる。返還によって軍事力が弱まったり、または軍事力のために返還が遅れたりすることなく、両方が矛盾せずに満足される方法を考えたい」と述べています。つまりこの時点で、佐藤は返還交渉の際に沖縄基地の縮小を求めないことを事実上公約したのです。この点についても、当時の新聞は報じていません。

さて、佐藤が目標とした「合意時期の合意」に話を戻します。

米国のベトナム政策への佐藤の支持は、15日に予定されたワシントン市内での演説草稿にも含まれていました。事前にこれを見たジョンソンは感激し、佐藤の望む「2、3年以内に」の目途付けを共同声明に盛り込むことを承諾します。ジョンソンは会談終了後、「こんどの会談ほど実り多く、助けになったものはない」と言うほど、佐藤の支持に謝意を表しました。[☆9]ジョンソン個人の事情が、まったく関係のない沖縄返還合意の時期に影響を与えたわけです。

ただ、共同声明には「合意の時期の合意」がきれいに反映されたわけではありませんでした。そんなことをしたら沖縄返還自体に抵抗する米軍部や議会が怒ります。そこで声明は、次のようにひと工夫施された表現となりました。

「総理大臣は、さらに、両国政府がここ両三年内に双方の満足しうる返還の時期につき合意すべきであることを強調した。大統領は、これら諸島の本土復帰に対する日本国民の要望は、十分理解しているところであると述べた」

つまり、日本側が「両三年（2、3年）内」に返還時期の目途付けを望み、米側はそうした希望を含めて日本国民の要望を理解した、という内容です。これだと米側は目途付けに合意したわけではなく、かといって日本側の希望を拒否したことにもならない。方向性は同じでも、分かち書きすることによって双方が面目を保ったわけです。

このように返還合意の目途付けをうたった67年の日米共同声明は、任期中の返還合意を目指す佐藤と、ベトナム政策で支援を得たいジョンソンがお互いの内政事情に配慮し合い成立した妥協の産物でした。その触媒となったのは、70年安保の継続問題という日米双方にとって共通の懸案事項だったのです。一方この過程で、米側はその後の交渉で決定的に有利な材料を得ました。それは日本側が政治的な事情で「期限付きの交渉」を強いられるということでした。

これは交渉が深まるにつれ、日本側が譲歩を重ねていく背景となります。

そしてもう一つ注目すべきは、こうした政治的背景を反映した交渉を担ったのが外務省や国務省など外交のプロではなく、若泉やロストウといった、いわばトップの人脈で交渉に参入してきた学者たちであったことです。

当時、交渉責任者だった外務省の東郷文彦《とうごうふみひこ》北米局長は、首脳会談前日に佐藤が今回の会談で目途付けを申し出ることを初めて耳にし、「内心これはむずかしいことになったなと思った」と回想録に綴っています。[☆10] 運輸官僚出身の佐藤は、前例踏襲に傾き、新奇な策を嫌う官僚の限界を熟知していたのでしょう。佐藤の外務省不信は、69年の返還合意に至るまで通奏低音となって交渉を特異なものにしていきます。

1・2 世論は何を求めていたのか

「核」より「基地縮小」だった沖縄民意

佐藤栄作が沖縄返還を公約した当時、肝心の沖縄の人々はどう考えていたのでしょうか。

１９６７年６月、地元紙の琉球新報は当時としては異例の大規模な沖縄全域にわたる世論調査を実施しました。この年の11月には、米国が返還交渉に応じるかどうかが大きな焦点となった日米首脳会談が行われています。琉球新報は、地元メディアとして沖縄の民意を日米両政府に伝えたいという思いもあったのでしょう。

調査は無作為抽出で１５００人を対面調査し、回答率は70・９％でした。冒頭の質問は、「早期に返還するには基地の在り方として次のどれがよいか」。トップの24・６％を得たのは「米軍基地を一切撤去」。２番手は「本土並みの基地に縮小」で15・８％、以下、「原水爆（核）だけ撤去し基地はそのまま」が12・９％、「基地は現状のまま」が11・６％、「わからない」は34・１％でした。

大雑把に言えば、４割が基地の撤去や縮小を求め、基地自体の縮小にこだわらなかったのは２割強。「わからない」が多かったのは「早期に返還するには」という前提条件と、望ましい「基地の在り方」がかみ合わないなど、質問の仕方に戸惑いがあったためかもしれません。

いずれにせよ、沖縄の人々の関心は「核撤去」以上に「米軍基地の規模縮小」であったことは確かでしょう。それは地元の暮らしを考えれば自然なことだと納得できます。核はもちろん怖いし撤去してほしい。しかし基地騒音や基地に絡む事故、さらに米兵の犯罪は沖縄の人びとにとって、より日常的で差し迫った脅威だからです。突き詰めて言えば、基地の密度を本土並みに減らすことこそが、当時の沖縄の最大公約数的な民意だと言えるのではないでしょうか。

ただ皆さんもご存知の通り、当時の沖縄は「基地経済」と言われ、基地労働者だけでなく、サービス・飲食・不動産業など多方面で米軍に依存していました。

象徴的な逸話があります。72年の復帰前年にデビューした昭和のアイドル歌手・南《みなみ》沙《さ》織《おり》の義父（母の再婚相手）は普天間飛行場の基地労働者でした。南は日本武道館で開かれた政府主催の沖縄復帰記念式典にも招待されるなど沖縄のシンボルとして扱われましたが、基地縮小による義父の失職を恐れて「とても複雑な心境でした。素直に喜べなかった」と後年話しています。

南のように、親族が何らかの形で基地と関わり合いのある人は沖縄全体の3割とも4割とも言われていました。「基地縮小、撤去」が多数を占めた琉球新報の世論調査は、「暮らしの先行きには不安だが、それでもなお基地は減らしてほしい」という沖縄の人々の切なくなるような心情を映しているようにみえます。

「早期」と「本土並み」の相克

前項で触れたように、琉球新報の世論調査は「早期に返還するには」という前提条件が付いています。これは、一刻も早く米国の占領下を脱したいという思いが言わずもがなの〝沖縄の総意〟だったことを物語っています。その背景には、もちろん軍用地のために私有地を収奪されるなどの米軍の圧政があったことは確かですが、年々広がる本土との経済格差も大きな要因でした。

本土では当時、政府のさまざまな施策で戦後復興から高度成長期に入り、国民総生産（GNP）は年率二桁の成長率を記録していました。一方で沖縄は、日本政府からの財政支援がほとんど封じられ、地場産業も育っていませんでした。沖縄の人々は、返還によって本土との経済交流が活発化し暮らしが大きく好転することを期待していたのです。

そこで問題になったのは、「早期返還」と「本土並み」との矛盾でした。

「本土並み」という言葉の意味については第2章で述べますが、沖縄の人びとにとっての「本土並み」は、基地の規模も核の扱いも本土と同じ、という意味です。しかし、沖縄基地をアジアの戦略拠点として重視している米政府が基地の縮小に難色を示すことは確実で、場合によっては交渉が暗礁《あんしょう》に乗り上げる恐れもある。つまり、基地縮小を言い出すと「早期返還」は難しくなります。

この相克は、沖縄の民意を代弁する立場の琉球政府主席[*1]・屋良朝苗《やらちょうびょう》を悩まし続けます。

屋良は革新代表として68年11月の第一回主席公選で当選しますが、ゴリゴリの左派ではありません。教職員組合出身の教育者で、子どもの教育や人権を重んじるやわらかな人でした。主席公選の際、革新陣営の一部が「基地撤去・安保廃棄」をスローガンに掲げようとした際には、「基地反対・安保反対」とトーンを下げさせたのは有名な逸話です。理由を問うた側近に、屋良は「あまり激しくやると歯が折れる」と独特な言い回しで過激な路線を戒《いまし》めました。現実的な理想主義者の一面が、この人にはあったようです。

米軍の圧政で沖縄の人びとの人権が蹂躙《じゅうりん》される状況をつぶさに見てきた屋良にとっては、「基地縮小」も大事だが、「早期返還」はそれ以上に優先すべき課題だったのでしょう。

それでも屋良は、基地縮小を求める沖縄民意を携えて何度も政府に陳情しています。日米の間で返還交渉が本格化していた69年9月、屋良は首相官邸で応対した木村俊夫《きむらとしお》官房副長官に沖縄の基地密度が本土の２００倍に及ぶことを指摘し、交渉で基地縮小を米側に求めるよう要請しました。２か月後の11月にも再び上京し、愛知揆一《あいちきいち》外相に同様の陳情を行っています。しかし木村も愛知も、「本土では基地縮小が進んでいる。沖縄も復帰後は日米地位協定[*2]

が本土と同様に適用されるから、それで問題は解決される」などと、屋良の陳情をかわしました[☆1]。

半世紀が経過した現在からみると、政府側のこの答えは根拠のない見通しに過ぎませんでした。復帰後、沖縄の米軍基地は多少返還されますが、日本全体の米軍基地に占める割合はむしろ上昇しています。問題は、政府自身が米軍基地の引き留め工作ともとれる動きをしていることでした。このことは第5章で詳述します。

「極東の脅威」に揺れた本土世論

では、本土の世論は佐藤の掲げた沖縄返還をどう見ていたのでしょうか。琉球新報の世論調査から1年半ほど後の68年12月、当時の内閣官房公報室が全国を対象に大規模な世論調査を実施しました。佐藤首相が11月に内閣改造を実施し、新内閣の外交・内政方針の参考にするための調査でした。その中で、沖縄に関する設問は二つありました。まず、「沖縄の基地を本土並みにして即時復帰を実現させるという要求があるが、今日の国際情勢下でいますぐ可能と思うか」という問い。三つの選択肢の中で「可能だと思う」は10%、「不可能だ」は57%、「わからない」は33%でした。

基地を縮小した上での即時復帰を求める沖縄世論と比べると、本土の世論は5割以上が厳しい見方をしています。

ここで留意すべきは、設問の「今日の国際情勢下で」というくだりです。実はこの68年という年は、国際情勢が大きく揺れ動いた年でした。年明けの1月23日、米海軍の情報収集艦プエブロ号が朝鮮半島東岸沖で北朝鮮の船から攻撃を受け拿捕《だほ》されるという事件が起き、半島情勢は一気に緊迫しました。1月末にはベトナムで北ベトナム勢力によるテト攻勢[*3]が始まり、サイゴン（現ホーチミン市）の米大使館が一時的に占拠されます。3月31日にはジョンソン大統領が再選不出馬と北爆の一時停止を表明。さらに8月20日には、「プラハの春」と呼ばれる民主化運動が進められていたチェコスロバキアにソ連軍が侵攻して激しい弾圧が始まりました。

本土世論が沖縄基地を本土並みにすることに冷めた反応を示したのは、こうした国際情勢の緊迫化と無縁ではなかったはずです。ただ、設問はそのことをことさら強調しており、やや誘導的とも言えます。

内閣官房が実施した全国世論調査には、もう一つ沖縄関連の設問がありました。「沖縄の復帰について『当面の基地はそのままにして、一日もはやく復帰をはかるべきだ』との意見と、『時間をかけても基地を本土並みにして復帰を図るべきだ』という意見があるが、あなたはどちらに近いか」という、ずばり核心を突く問いです。結果は「基地はそのままにして……」が25%、「時間をかけても本土並みにして……」が45%、「いちがいにいえない」が13%、「わからない」は17%でした。

二つの設問をつなぎ合わせると、「国際情勢が緊迫する現時点では基地を本土並みに縮小して復帰を果たすのは難しいが、かといって現状の基地のまま復帰するよりも、時間をかけて本土並みにしてから復帰した方がよい」という最大公約数的な答えが浮かんできます。

こうした本土の世論は、日常的に米軍の圧政に苦しむ沖縄の人びとの「一刻も早く復帰を」という心情を汲《く》んでいるようには見えません。ただ、基地が集中する事態を放置したままの復帰を健全でないとみる視点は沖縄の民意とも符合します。当時、ベトナムからの帰還米兵を収容する東京・王子の野戦病院開設反対闘争[*4]（68年3月）や米軍機の九州大学構内への墜落事故[*5]（68年6月）など、米軍にまつわる事件事故が多発しており、基地に対する反感が本土でもあったことが背景にあると考えられます。

実は、この内閣官房の世論調査は公表されませんでした。調査結果は12月27日の閣議に報告されています。閣議では、「公表すると本土のエゴイズムが強く表れ、沖縄住民を刺激する」との意見が出たとの話もありますが、非公表とした理由としては、いまひとつ説得力がありません。前項で見たように、首相の佐藤は「早期返還」を第一目標に掲げていました。それと矛盾するような民意は封じておきたかったのではないでしょうか。

佐藤や外務省が沖縄の民意に無頓着だったことを示す逸話があります。「両三年内」の共同声明が出た直後、外務省の北米課員が駐日大使館のルイス・パーネル参事官と東京で慰労会をしたときのことです。パーネルは「総理は松岡さんに電話をしたのか」と問います。松岡とは当時の琉球政府主席の松岡政保《まつおかせいほ》です。していないと思うと答えた課員に対し、パーネルは「あれだけ君たちは沖縄住民のためだとかなんとか言っているのに、おかしいじゃないか」とたしなめ、沖縄の人々が疎外感を持たないよう配慮すべきだと説きました。秘書官を通じてこの連絡を受けた佐藤は、慌てて松岡に電話したそうです。[☆2]

政治の世界は民意を反映すればいいという単純なものではありませんし、民意は往々にして情緒的なものです。遠い未来を見据えて、時には民意とは異なる決断を迫られることもあるのが政治です。ただ政治への信頼を支えるのは、民意との回路を保ち対話を続けようという為政者の意思ではないでしょうか。都合の悪い世論調査を封印し、地元への配慮を欠いた佐藤政権は、その後も沖縄民意を遠ざけるさまざまな画策を続けていきます。

本土への失望

反米・反安保とベトナム反戦を唱える本土の学生運動や左派勢力は60年代後半、「沖縄奪還」をスローガンの一つに掲げます。次々と基地が建設され、さらにはベトナム空爆の発進拠点となった米占領下の沖縄は、彼らにとって闘争のシンボルでした。左派勢力にとって、沖縄は「返還」してもらうものではなく「奪還」すべきものでした。大学キャンパスの立て看（セクト学生らが主義主張を記したベニヤ板の看板）には「沖縄闘争」の文字があちこちで見られました。

沖縄県の南部、旧玉城《たまぐすく》村（現南城《なんじょう》市）出身の知念《ちねん》襄二《じょうじ》[*6]は65年4月、東大理科Ⅲ類に入学し、駒場寮で生活を始めます。知念は特に高い政治意識を持っていたわけではありませんでしたが、当時では珍しい沖縄出身の東大生ということで、各セクトの学生らと議論を重ねるうちに、沖縄が置かれた立場を意識するようになります。

知念のように沖縄から本土の大学に入学した学生は、当時パスポートが必要でした。沖縄の人々を「同胞」だという日本政府が、なぜ自分たちにパスポートを強いるのか。理不尽を感じた知念は68年8月、沖縄から東京行きの船中でパスポートを焼き捨てて入国を試み、警視庁に逮捕されます。[*7]自身が抱いた理不尽さを世間にアピールするためでした。その後、知念は沖縄闘争学生委員会をつくり委員長に就いて、三里塚闘争や佐藤首相訪米阻止闘争に参加するなど、本土の学生運動と本格的に共闘していきます。

しかし運動や議論を重ねるうちに、言い知れぬ違和を抱き始めます。本土の学生は日米安保やベトナム反戦など「大状況」には雄弁だけど、パスポートの問題を始め、基地の騒音や土地の接収など、沖縄の人びとが直面する切実な現実にはほとんど関心を示さない。知念は、本土学生が掲げる「沖縄」が「反米・反安保」のための手段にすぎないのではないかという疑念を抱きました。東大医学部を卒業した知念はやがて運動から身を引き、沖縄に帰って精神医療に従事します。

本土の在りように失望したのは知念だけではありません。琉球大学の文芸誌「琉大文学[*8]」の創刊者であり、地元紙沖縄タイムスで編集局長、社長を務めた新川明《あらかわあきら》[*9]という人がいます。新川は沖縄タイムス入社後、ほどなくして本土・大阪支社勤務を命じられました。ちょうど60年安保闘争のころです。米軍の圧政下で青春時代を送ってきた新川にとって、戦争放棄や国民主権をうたった日本国憲法を持つ本土は、「ユートピアにみえた」[☆3]と言います。

しかし、本土で闘争の本質を目撃した新川は激しく失望しました。それは革新陣営の反米・反安保闘争が、その矛盾の塊であるはずの沖縄問題を「全く素通りしていた」からでした。沖縄に戻った新川はその後、自社の紙面で沖縄の本土復帰に反対する論陣を張ります。新川や知念ら本土を体感した沖縄の知識層は、「早期返還」を掲げる佐藤政権の本質だけでなく、「共闘」をうたう本土の革新勢力の欺瞞も見抜いていました。しかし、市井にいた沖縄の人びとがそれに気付くのはずっと後のことです。

米人権団体の告発と国際世論

では、米国の市民は日本の沖縄返還要請をどう見ていたのでしょうか。結論から言うと、この問いはあまり意味がありません。ほとんどの米国の人たちにとって、「オキナワ」という地名も聞いたことがなく、関心を持つ人はいませんでした。当時、米国の新聞テレビを賑わせていたのはベトナム戦争の行く末であり、ソ連の脅威でした。

少し歴史を遡りますが、米軍が沖縄施政を始めて間もない１９５４年、一人の米人権活動家が沖縄問題を取り上げています。その人はロジャー・ボールドウィン。[*10] 彼はこの年の１月、米誌クリスチャン・センチュリーに載った、那覇市在住の米宣教師の投書を読みます。それは、沖縄米軍による私有地の収奪や犯罪の多発を告発した内容でした。ボールドウィンはすぐに東京の自由人権協会に書簡を送り、実態調査を要請します。10か月に及ぶ協会の調査結果は翌55年1月、朝日新聞が大きく報じて世界に転電され、沖縄軍政の実態は世界の知るところとなりました。

欧州の主要紙は「沖縄は極東のキプロス」[*11]との見出しを掲げ、東京裁判を批判したインドのパル判事は「日本から要請があればいつでも応援にいく」との談話を発表しています。慌てた米政府は土地の接収価格の妥当性などを記した反論を発表する一方、国家安全保障会議で内々に事実関係の調査を始めます。

ボールドウィンはその後沖縄に足を運び、土地や人権の問題について米議会に善処を求めます。米政府内に「沖縄はこのままではまずいのではないか」という危機感が浮上したのは、50年代半ばのこうした出来事がきっかけでした。支配下に置いて10年が経過した沖縄の実態について、初めて問題意識を持ったわけです。ちなみに、52年から那覇市に連絡事務所を置いて早くから米軍の圧政を知っていたはずの日本政府が、米側に何らかの働き掛けをした形跡はありません。

実は米政府は、それ以前から沖縄施政に対する国際世論をひそかに恐れていました。というのは、米国が沖縄を占領し統治を続ける法的根拠が曖昧だったからです。米国が拠《よ》って立つところは51年9月の日本との講和条約です。その第3条では概略「日本は北緯29度以南の南西諸島などを米国を施政権者とする信託統治の下に置くとする国際連合への米国提案に同意する。この提案が可決されるまで米国はこれらの諸島の施政権を有する」とあります。平たく言えば、国連が信託統治を認めるまでは米国が暫定的に施政権を持っているということです。しかしその後、米国はいつまでたっても沖縄を信託統治に移行するための国連での手続きに入りませんでした。そもそも信託統治は自治能力のない途上国を対象としており、戦前にしっかり自治を行っていた沖縄は信託統治の対象にならないのではないかとの指摘もありました。

手続きをしない以上、米国が沖縄を施政する法的根拠は薄らいでいきます。戦争で勝ち取った領土ではないのかという見方もありますが、１９４１年８月に米英で合意した大西洋憲章[*12]では、戦争での領土不拡大をうたっています。さらに60年代に入ると、占領後15年以上に及ぶ米軍による沖縄支配は植民地と同様で、植民地解放を宣言した国連憲章[*13]にも抵触するのではないかとの指摘も出るようになりました。共産勢力の圧政を批判し、自由と民主主義を標榜する米国にとっては、こうした国際世論は頭の痛い問題だったのです。そしてついに、「沖縄は日本の一部だ」と認める大統領が現れます。

1・3　沖縄返還のきっかけをつくったのは誰なのか

「あ、これは返還しなければならない」

ここからは、沖縄返還のそもそものきっかけは誰がつくったのかを考えていきます。

エドウィン・ライシャワーが駐日大使として赴任してきたのは1961年4月。60年安保騒動で岸信介首相が退陣し、60年7月に発足した池田勇人内閣が所得倍増計画を掲げて、時代の空気が変わろうとしていた時期でした。

ケネディ政権下でライシャワーが大使に推挙された理由は諸説ありますが、60年秋に発表した米外交専門誌「フォーリン・アフェアーズ」での論文が政権スタッフの目に留まったことが大きな要因とされています。彼はそこで、これまで米政権の対日接点が保守・財界など主流派に限定され、米国の政策方針に偏りが出ていることを批判しています。与党自民党に対抗する野党や在野の知識人、リベラル勢力にも米国の人脈を広げて柔軟で懐の深い関係を築くべきだとの指摘でした。若く清新な気風を売り物にしていたジョン・F・ケネディ大統領は、この論文と彼の経歴を見て起用を決断します。

ライシャワーは、父が宣教師として東京に派遣されていた１９１０年に白金台で生まれています。16歳の時に米国に戻り、その後ハーバード大などで日本語や中国語の講師をしました。病気で最初の妻を亡くし、55年には日本人女性と再婚します。ケネディが彼の思想信条に共感しただけでなく、日本と縁の深い人物を送り込むことによって、60年安保で悪化した対日関係の改善を考えていたのは間違いないでしょう。

ライシャワーは着任すると、すぐに論文の内容を実践に移します。与党幹部だけでなく、野党や労働組合とも積極的に会談したほか、日本人の妻とともに全国行脚を重ねて市民とも対話を深めました。

沖縄を訪問したのは、着任からわずか4か月後の61年8月でした。それまでライシャワーの沖縄に関する認識は、一般の米国人と同じようなものでした。彼によると、それは「沖縄の人は本来日本人でなく、日本人には恨みの気持ちをもっている。だから沖縄の人はアメリカの施政下にあるのを喜んでいる」というものです。沖縄を統治する米軍部がそう宣伝していたからです。ところが、この訪沖で彼の沖縄観は一変します。

回顧録『日本への自叙伝』でライシャワーは、「一目見て沖縄は日本だとわかりました」と書いています。そう思わせたのは、訪問先の小学校での授業風景でした。彼は次のように綴っています。「日本語の『読本』を教科書として使用していて、『読本』には『わが国』と日本語で書いてありました。『わが国』と日本語で習っている子供たちを日本人として認めないことなど考えられません」。そして、大使として重要な判断を下します。

「あ、これは返還しなければならないと覚ったのです。こんな状態は決して長続きするはずがないと思いました」

米国が統治する島の学校で子供たちは日本語で学習し、しかも「わが国」と教えられているのは日本だった――。ライシャワーはこの風景を見て、おかしい、長続きするはずがない、と考えたのです。その直後の別の場所でのスピーチで、ライシャワーは「あなた方沖縄に住む日本人は」と述べています。沖縄の人びとを「日本人」と言った大使は彼が初めてでした。

ライシャワーが訪沖したときの米軍政のトップ、高等弁務官はあのポール・キャラウェイでした。回顧録でライシャワーは「アメリカ軍があの様な統治しかしなかったために、（沖縄の人々は）日本（本土）に対する古い恨みつらみを水に流したばかりか、日本に復帰したいという気持ちをつのらせた」と、キャラウェイらの圧政が沖縄の人びとの本土への郷愁につながったとの見立てを示しています。キャラウェイは64年8月に更迭されますが、その背景に、ライシャワー大使の度重なる本国への進言があったことは米公文書が示しています。

ケネディ弟への説得

沖縄から東京に戻ったライシャワーは、国務省に沖縄の実情を報告するなど具体的な行動を始めました。翌62年2月には、訪日した司法長官ロバート・ケネディ[*1]の説得にかかります。ロバートは、ご存知の通りケネディ大統領の実弟です。多忙を極めた滞在日程の最終日、それも帰国便に乗るために飛行場に向かう車中でライシャワーは、ロバートに矢継ぎ早にこう語り掛けています。[☆1]「(沖縄の)この状況を変えなくてはいけません」「とんでもなく危険な問題になります」「沖縄は日本に返還する心づもりをすべき土地です」「１００万もの日本人をアメリカの軍政下におき続けるなんてできない相談だからです」

時間にして15～20分。揺れる車中でロバートは、ライシャワーの話を黒い手帳に熱心にメモしたそうです。ロバートが本気でライシャワーの指摘を受け止めていたことは、その１か月後に証明されます。３月19日、ケネディ大統領は「琉球諸島は日本の一部であり、主権が復活する日が来ることを期待する」との声明を発表しました。後に言う「沖縄新政策」です。そこには、一部行政機能の琉球政府への移譲や住民自治の拡大策などが盛り込まれました。

この声明に一番仰天したのは外務省でした。というのは、所得倍増を看板にした池田内閣で、沖縄問題は優先度の高い政策ではなかったのです。霞が関でも沖縄問題を主管していたのは、財政支援などの窓口になっていた総理府特別地域連絡局[*2]で、外務省は沖縄をめぐる米国の政策に変更はないと高をくくっていました。この声明は米国が基地と施政権を維持するための懐柔策といった側面があったのは事実ですが、米政権内での沖縄占領に対する危機感の高まりを映していることも確かでした。外務省は、そうした米政権内の変化にまったく気付いていませんでした。7年後に実現する沖縄返還合意の「とば口」はここにあったのです。ライシャワーは後年、「すべてはあの15分か、20分の間に私がボビー（ロバート・ケネディの愛称）にいったことからはじまった[☆1]」と自負を込めて述懐しています。

自分が返還のきっかけをつくったというライシャワーの自負は、あながち自惚《うぬぼ》れではありません。彼は並行して、返還に向けての最大の抵抗勢力である軍部の説得を試みます。相手は、ハワイにいる太平洋軍司令官のハリー・フェルト海軍大将。ライシャワーは軍が長く安定的に駐留するには軍事的な都合だけでなく、基地周辺住民の理解や政治的事情に配慮することが重要だと説きます。当初は聞く耳を持たなかったフェルトら軍幹部も、ライシャワーが基地の安定的な存続を目的として議論していることを次第に理解するようになります。そして府中の在日米軍幹部らとは、「沖縄はこのままでは危険だ」という点で一致します。大使館と在日米軍が同じ観点から危機意識を持ったことで、60年代前半、米政府内では沖縄問題の優先度が徐々に高まっていきました。

鈍い日本政府にじれったさ

１９６３年11月22日、ケネディ大統領がダラスで暗殺され、副大統領だったリンドン・ジョンソン政権が発足します。ただ急な交代だったため、政権スタッフの陣容はほとんど変わりませんでした。

65年7月、大使としての在任5年目に入ったライシャワーは満を持して、「沖縄での米国の統治は時間の問題だ」とする書簡をディーン・ラスク国務長官に送ります。詳しくは次章で論じますが、沖縄の実情に問題意識を持っていたラスクは、国防長官のマクナマラとともに両省共同の作業グループを発足させ、基地機能を損なうことなく施政権返還が可能かどうか研究するよう指示しています。

こうした政権内の動きは、もちろん日本政府には知らせていません。日本では佐藤首相が沖縄を訪問し、ようやく返還を要請する意思を固めようかという段階で、具体的な交渉方針は何も議論されていませんでした。その時期、米政府は既に返還を前提にした条件の検討を始めていたのです。

ライシャワーはこの頃のことを回顧録で、「日本政府側はアメリカがすでに心構えを持ちつつあることが信じられず、動きはのろのろしていました」「アメリカ人の感情をそこなうのをおそれて、尻込みをしている形でした」と記しています。[☆2]

66年7月の大使辞任後、公職の身を離れた彼は日本の知人、政府関係者らに沖縄返還を要請するよう次のように進言します。「沖縄を返還してほしい、沖縄がいる、といえばアメリカは返してくれるだろう。でも、あなた方がそれを求めなくては、アメリカ側も返すわけにはいくまい。軍が沖縄は必要だといっているし、日本からの要求もないのでは返す理由がないからだ[☆2]」

ライシャワーは、沖縄返還を公約にしながら、なかなか動こうとしない佐藤首相や外務省にじれったさを感じていたのかもしれません。一方、こうしたライシャワーの〝奮闘〟を苦々しく見ていたのが米軍部でした。沖縄返還交渉を総括した米機密文書「ケース・スタディ[*3]」は、「ライシャワーは返還実現の可能性への回答を急ぐあまり、ベトナム戦争を指揮する軍幹部らを警戒させて、省庁間の合意を困難にさせた」と厳しい評価をしています。

ライシャワーとは別に、沖縄の現状に早くから危機感を抱いていたのは国務省でした。それはライシャワーが大使として赴任する少し前のことです。きっかけは１９５８年1月の那覇市長選でした。

少し時代を遡ります。読者の皆さんは、瀬長亀次郎《せながかめじろう》という人物をご存知でしょうか。農地の収奪など圧政を重ねる米軍に反抗し、反米活動を展開した左派の政治家です。彼は56年12月に那覇市長に当選しますが、米国民政府[*4]は那覇市への資金を凍結するなど市政を妨害し、57年11月、米側の工作で市長の座を追われます。さらに米国民政府は、親米保守派の候補に強力な資金支援を打ち出しました。ところが、次の市長を選ぶ58年１月の選挙では瀬長が推した兼次佐一《かねしさいち》が勝利します。国務省は、沖縄民意がこれほどまでに反米に傾いていたことに大きな衝撃を受けました。

当時のアイゼンハワー大統領は軍との対立を回避するため、沖縄施政は軍の専管事項として深入りを避けていました。農地収奪をはじめ強盗・強姦事件の多発などに見て見ぬふりをしてきたのです。しかし、沖縄の実情に懸念を抱いていた国務省が59年３月の政策調整会議（ＯＣＢ）[*5]で、「米国が琉球を統治する限り琉球は日米関係の摩擦となり続ける」との報告書を提出するなど政権内の危機感は徐々に強まっていました。ただこの時点では、沖縄の生活水準を向上させれば復帰運動はいずれ沙汰やみになるとの見方が大勢で、「返還」は現実的な論点ではありませんでした。

政権内の空気が大きく変わるのは、次のケネディ大統領になってからです。「ニューフロンティア」を掲げたケネディ政権には、「ベスト・アンド・ブライテスト」と言われる新進気鋭のスタッフが集います。国防長官に就いたマクナマラ、国務長官のラスク、大統領特別補佐官のマクジョージ・バンディといった、東部のエリート大学を出た面々です。ケネディが61年3月5日にマクナマラに送った書簡には、「ご存知のようにラスク国務長官も私の弟も沖縄の状況が日米関係を深刻化させていると考えており、われわれは可能な限り迅速に改善するための何かをすべきだ」との文言があり、この時点で米政権は既に沖縄の米軍統治に危機感を持っていたのです。

先に触れたライシャワー大使の活動も、こうしたケネディ政権の問題意識が伏線になっていたと考えるべきでしょう。

軍の牙城崩した2人のキーマン

ここからは60年代後半のジョンソン政権時代、沖縄問題をめぐって米政権内で起きていた暗闘を見ていきます。米政権は対日交渉以前に〝内なる難敵〟と向き合っていたのです。

65年7月、国務省と国防総省が基地の機能を損なわずに日本が施政権を担うことができるかという観点から検討を始めたことは先に触れました。これに対して軍は12月23日、「返還は受け入れられない」との意見を寄せます。統合参謀本部は「沖縄は『基地のある島』（an island with bases）」ではなく『島そのものが基地』（an island base）だ」とにべもありませんでした。[☆3] 国防総省トップで、学者出身のマクナマラ長官はこの時点で中立を装っていましたが、実動部隊の総元締めである統合参謀本部は歯牙《しが》にもかけなかったのです。

そこで国務省と国防総省の文官組は、エビデンスを重ねて統合参謀本部を追い込む作戦を立てます。それを担ったのが、国務省日本部長のリチャード・スナイダーと国防次官補代理のモートン・ハルペリンでした。結論から言えば、この2人が沖縄返還に道筋を付けた米側のキーマンです。2人に共通していたのは、「沖縄問題の処理を誤ると1970年に日米関係が危機に見舞われる」[☆4]という問題意識でした。

沖縄に関する米政権内の協議は国務、国防など省庁の幹部が集う上級省庁間グループ（SIG）と、実際の検討作業を行う省庁間地域グループ（IRG）の二層構造でしたが、より専門の実態調査を行うためにIRGの下に「琉球ワーキンググループ」が設置されます。スナイダーはこのトップに就き、国防総省の代表はハルペリンでした。

ハルペリンは後年、「彼（スナイダー）と私は直ちに仕事の上での緊密な関係を築いたばかりか、個人的にも親しい関係だった。私たちはまず70年が重要な年であること、そして日本との安全保障関係の維持は沖縄での現状維持よりも重要であることで共通の理解に達した」と述懐しています。[☆5]

60年代半ば、日本の政権が池田から佐藤に交代し、佐藤が逡巡を重ねながら沖縄返還を公約にした時期に、米政権内では返還の可能性を探る具体的な動きがスタートしていたのです。

ワーキンググループのリーダー、スナイダーは、米軍の基地機能や安保条約、沖縄や日本の世論、日本の国防意識など多方面から丹念な調査を進めます。軍の抵抗に対する「反証」を集めるためです。ハルペリンも協力し、著名なシンクタンクであるランド研究所[*6]に特定の軍事基地が使えなくなった場合の影響解析を委託したり、沖縄に安保条約が適用された場合のシミュレーションなどを行ったりしました。

この研究作業は統合参謀本部から来た文官も参加していました。スナイダーらは説得すべき相手に結論だけ告げるのではなく、研究プロセスを共有することで徐々に理解させようと考えていました。その効果はてきめんで、参謀本部の文官らは沖縄民意の厳しさや基地存続の危うさを徐々に感得していきます。

66年6月、日本での世論調査結果を踏まえた国務省の報告は、「米国による将来の琉球統治の展望は概ね悲観的[☆6]」と結論付けました。そこには「大きな衝突が起こる危険性が増し、衝突によって日米の協力関係が崩壊しかねない。世論の流れは明らかに返還要求から引き返せない。66年から71年の間に危機的状況を迎える。策を講じても無期限に米国統治ができるわけではなく、楽観的に見ても5年以上の現状継続は困難である」と、厳しい文言が並んでいました。

66年12月には、ライシャワーの後任であるアレクシス・ジョンソン駐日大使と沖縄のフェルディナンド・アンガー高等弁務官が共同で作成した報告書が届きます。そこでも、「世論の圧力で日本政府が米国の利益に反するような方策を取らざるを得なくなる」「返還の可能性と時期を具体化することで当面の返還要求の圧力を抑えることが重要[☆7]」と指摘されました。

アンガーは66年11月に着任した陸軍出身の第5代の高等弁務官ですが、それまでの4人の弁務官と違って沖縄の施政権返還には柔軟でした。というのは、彼を弁務官として人選したのがワーキンググループに参加し、返還の重要性を理解した陸軍の文官だったからです。

アンガーは67年2月にも、「沖縄は日米両国が争うほど重要ではない。中国の台頭に対抗するためにアジアの大国日本における米国の長期的な利益の方がより重要だ」との公電を本国に送り、沖縄のいくつかの基地を移転するために石垣島、西表島などの実地調査を提案し

ています。[☆8]

軍の幹部はそれでもなお抵抗を続けますが、67年4月にはショッキングな書簡が陸軍長官のもとに届きます。それは太平洋軍司令部のユリシーズ・シャープ提督が出したものでした。[☆9]そこには沖縄基地の代替案として、「グアムやマリアナ諸島を考えるべきだ」とありました。返還が避けられない沖縄の施設に追加投資するよりも、グアム、マリアナなど米国に帰属する地域での基地開発がはるかに望ましいとの趣旨でした。つまり日本への返還後は米軍の沖縄駐留にこだわるより、自由に行動できるグアムなどへ基地を移す方が国益上得策であるとの意見です。沖縄を管轄する司令部のトップも、沖縄の民意や安保条約の行く末を案じて、半ば白旗を揚げたわけです。

外務省は米国内でこうした動きがあることも知らず、佐藤も返還交渉の際に基地の縮小協議などは端から無理だと考えていました。その姿勢は半世紀を経た今も変わっていないように見えます。しかしアンガー、シャープら当時の軍幹部が基地の移転を考慮していた事実は、沖縄という場所が本当に戦略上譲れない要衝なのかを考える上で重要な示唆を与えているように思います。

さて67年夏、スナイダーとハルペリンらは政権を返還交渉に向けさせるための最後の仕上げに掛かります。ハルペリンは8月7日、軍の総元締めであるマクナマラ国防長官に対し、70年以前に沖縄返還に合意すべき手続きを進めることに同意を求める重要な覚書を提出しました。覚書は、合意に至らない場合に生ずるさまざまな危険について言及。安保条約の存在そのものを危機に陥れる事態が日本で次から次へと起こると記しています。採るべき理性的な道は返還に合意して安保条約の継続を未来永劫にわたって確保することだと指摘し、そのうえでハルペリンはマクナマラに直接面会し、詳しい協議がしたいと伝えました。

マクナマラからの返事は意外なものでした。返ってきた手書きのメモには「協議の必要なし。そのまま実行せよ」とだけ記されていました。マクナマラは早くから沖縄返還の必要性について理解していたのです[☆10]。

こうした経緯を経て、琉球ワーキンググループは統一見解となる作業部会報告をまとめます。統合参謀本部はその報告書に、「返還後も基地の使用は可能であり、したがって早期返還は米国の安全保障上の利益と両立するだろう」との評価を書き込むことに同意しました。米政府が事実上、沖縄返還の意思を固めたのはこの時だったと言っていいでしょう。

「基地を存続させたいなら沖縄の民意に沿うことだ。そうでなければ元も子もなくなる」と思わせる証拠を次々に突き付けたスナイダーらの作戦勝ちでした。

スナイダーとともに軍部を説得したハルペリンは後の外務省北米課長、千葉《ちば》一夫《かずお》と懇談した際にこう語っています。「軍人というのは単純なもので、沖縄を返還したら基地も同時に返さないといけないと思っていた。基地は当然残るし、それの対応についても大いに考えると書かれているので、軍人もようやく話し合いのテーブルに乗ってきた」[☆11]

米側から来たシグナル

基地存続への危機感を背景に着々と政権内の地固めをしていた国務省とは対照的に、外務省は佐藤政権の初期、沖縄返還問題についてまともな検討をしていませんでした。その背景には、米国が標榜する「ブルースカイ・ポジション」という東アジア政策がありました。それは、ベトナム戦争や台湾有事、朝鮮半島危機など、東アジアの国際的緊張が解消され青空が広がるまで米国が沖縄を占有するという意味で、１９５３年12月にダレス国務長官が表明したものです。

この政策は前項で記したようにケネディ政権下の60年代前半には水面下で実質的な見直しが始まっていたのですが、外務省幹部は「ベトナム戦争のさなかに沖縄返還などあり得ない」と考えていました。佐藤栄作が64年に沖縄返還を公約に掲げたときも、さらには67年11

月の日米首脳会談で「返還合意の時期の合意」を模索したときも、それが実現できると考えていた幹部はほとんどいませんでした。

一方、国務省は66年後半あたりから、日本側に少しずつ米政権内で起きている変化についてのシグナルを送るようになります。67年3月に東京で開かれた日米安全保障政策担当者会議でのこと。外務省の牛《うし》場《ば》信彦《のぶひこ》事務次官は、沖縄の米軍があちこちで柵を張り巡らし市民生活に支障を来している事実を指摘し、米側に善処を求めました。しかし、国務省から出席していた高官は「日米関係はもっと大きな問題について考え始める時期だ」と諭しています。[☆12]

7月にはこんなことがありました。外務省北米課長の枝村《えだむら》純郎《すみお》が、駐日米大使館のオーウエン・ザヘーレン参事官からホテルニューオータニのバーに呼び出されます。[☆13] 前々日に、三《み》木《き》武《たけ》夫《お》外相とジョンソン大使との会談が開かれたばかりでした。ザヘーレンはいきなりこう切り出します。「一昨日の協議で三木大臣がベトナム戦争中は沖縄返還は困難であろう、ととれる趣旨のことを言われたけれども、それは消極的すぎるのじゃないか。大使館としては、このまま沖縄を持っていると日本全体が反米になって持たなくなると思っている」

枝村は後述するように、外務省の中では数少ない早期返還派でしたが、ザヘーレンのこの時の物言いには驚いたようです。ザヘーレンはさらに言葉を継ぎます。「率直に言って日本側は自分が思っている以上に強い交渉ポジションにある。ベトナム戦争中の返還は困難だということを思いこまないほうがいいのじゃないか」。そして、「あちらの基地が駄目になれば、こっちの基地がある。あの飛行機が落ちたらこっちの別の飛行機で行く。軍事戦略というものは常に冗長性を前提にしているのだ」

枝村は後に、米国内で国務省が軍部を必死に説得しているさなかに日本側が消極的な発言をされては困るというのがザヘーレンの真意だった、と回想しています。

いずれも、外務省が米政権の変化にいかに鈍感だったかを象徴する逸話です。

佐藤を鼓舞した元早大総長

外務省の消極姿勢に、佐藤はいらだちを深めていきます。そこに救世主が現れました。大《おお》濱信泉《はまのぶもと》という人物です。大濱は沖縄県石垣島生まれ。早大法学部を出て弁護士を開業しますが、その後母校で教鞭を執り、１９５４年には早大総長となります。大濱は戦前から在京沖縄県人会で活動しており、出世するにつれ沖縄でも「地元民意の代弁者」とみなされるようになりました。

大濱が当時しばしば口にしていた、「沖縄問題は、日米両国の間に横たわる癌腫《がんしゅ》にも譬《たと》うべきものである」[☆14]という言葉があります。大濱は帰郷するたびに米軍政下の人々の悲惨な生活を目の当たりにし、この不条理を放置すれば、それが日米関係の破綻につながりかねないとの思いを深めたようです。

いつの日かかなうはずの沖縄の本土復帰を願って、大濱は60年代前半から法学関係者らを集めた「沖縄問題を話し合う会」をつくるなど手弁当で奔走しました。そこに沖縄返還を掲げた佐藤政権が誕生します。大濱は佐藤が蔵相時代、私立大学連盟会長として補助金獲得のためたびたび陳情しており、知遇がありました。65年8月の佐藤訪沖で、大濱はさっそく特別顧問として訪問先の手配や演説の勘どころを指南しています。

佐藤の公約に意を強くした大濱は66年4月、米政府関係者らの動向を直に探るため渡米しました。大濱は大統領補佐官、国防総省、国務省のアジア問題担当官、上下院の有力議員のほか、ニューヨーク・タイムズの編集局長らメディア関係者などに次々に会って話を聞きました。

一連の会談で大濱は、日本で流布される空気と違うものを感じ取ったようです。少なくとも、外務省の醸し出す〝後ろ向き〟の雰囲気ではありませんでした。特に印象深かったのは、沖縄問題を70年安保の継続可否と結び付けて懸念する政府高官が多かったことでした。

66年春といえば、前述のようにスナイダーらが70年安保を意識し、返還に向けて軍部の抵抗をいかに収めるかに腐心していた頃です。この微妙な変化を感じ取った大濱は帰国してすぐ佐藤に、「米国は日本の返還計画に前向きに対応する可能性がある」と報告します。そして、「交渉のイニシャティブを取るべきものは日本。日本側が具体案を作り返還の青写真を示して交渉すれば問題解決への途はひらけると思うので、決意してほしい」と説いています。[☆15]

外務省からの否定的な情報に接していた佐藤は、我が意を得たりと感じ入るとともに外務省への不信を一層強めます。そして大濱から「世論統一の上からも、権威ある諮問機関設置の必要を」と促され、66年9月、佐藤は総務庁長官の諮問機関として学者や新聞社社長、論説委員らで構成する「沖縄問題等懇談会」（沖懇）を創設。翌67年8月には、首相直属の機関に衣替えして自らメンバーを選定するなど、陣容を強化しています。この沖懇こそが、煮え切らない外務省を差し置いて対米交渉に向けた最大の推進力となるのです。

第2章

交渉の経緯

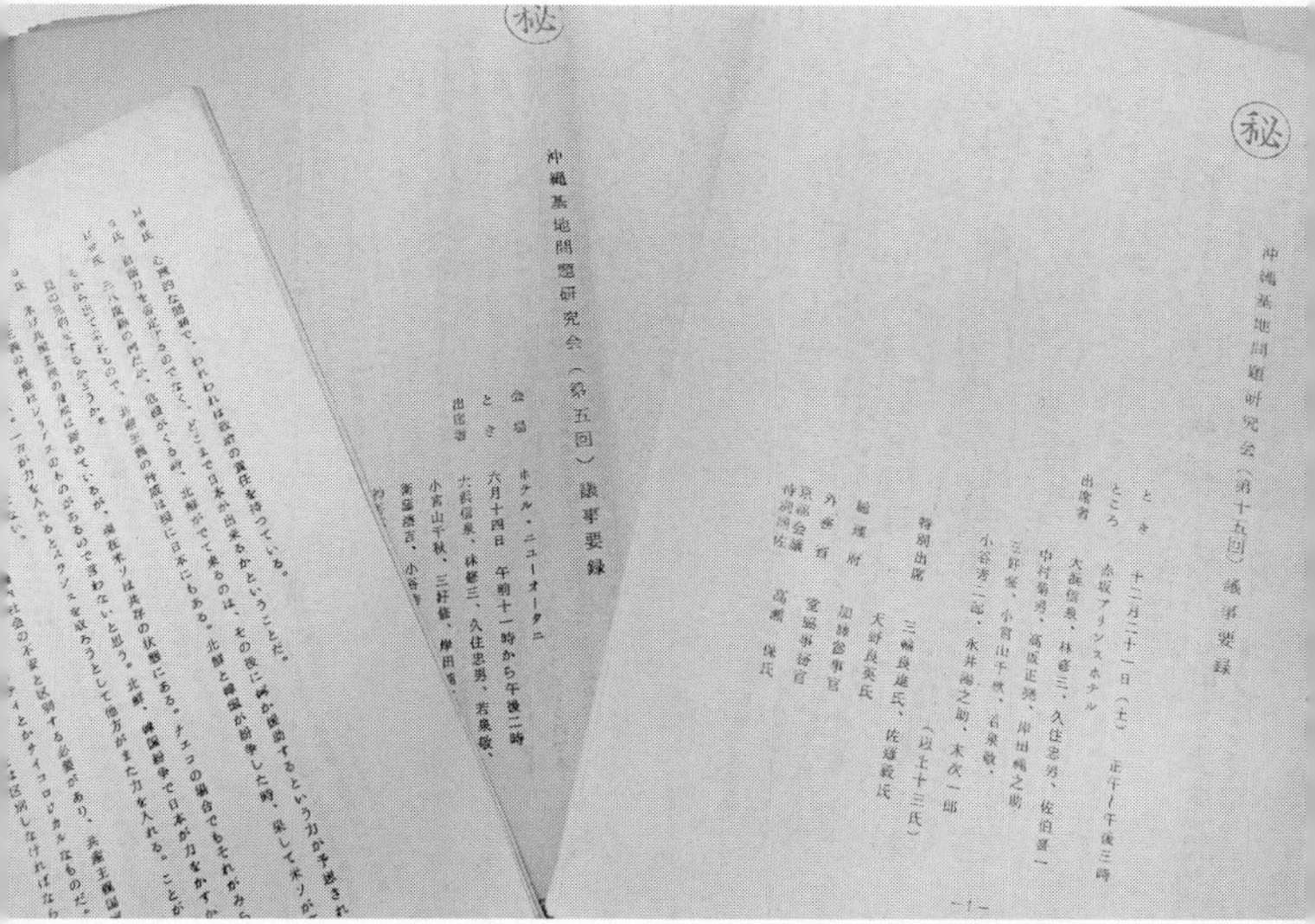

返還交渉での基地の扱いを討議した沖縄基地問題研究会の議事要録（国立国会図書館所蔵）

2・1　米国はどのような戦略で交渉に臨んだのか

日本に求めた安全保障の「役割分担」

本章では、返還交渉に臨む日米両政府の内情と戦略を検証します。

ジョンソン政権下での沖縄返還交渉のキーマンが、国務省日本部長のスナイダーと国防総省の次官補代理ハルペリンであったことは先に記しました。実は、彼らが頼りにしていた人物が駐日米大使館にいました。それはライシャワーの後任として１９６６年７月に大使に任命された、もう一人のジョンソン、アレクシス・ジョンソンでした。

ジョンソン大使は生え抜きの外交官です。戦前に日本語の語学研修で滞日経験があり、太平洋戦争開戦時には奉天副領事を務めるなどアジアや日本に精通していました。ライシャワーと同様、沖縄民意の反米感情に危機感を持ち、日米関係の維持発展のために返還を検討すべきだという立場でした。ただ、学者だったライシャワーと比べると、生粋の外交官だけに米国の国益をいかに高めるかという冷徹な視点を持っていました。

その視点は着任早々の最初の仕事に表れています。彼は外務省の下田《しもだ》武三《たけぞう》事務次官と会った際、日米の安全保障問題をフランクに話し合える場を作ってはどうかと提案します。下田は関心を寄せますが、それは一つ間違うと「平和憲法を侵犯する」などと野党や世間が騒ぎ立てるおそれがありました。そこで二人は知恵を絞り、安保条約改定の際に置かれた日米安全保障協議委員会[*1]の下部組織として、ひっそりと小委員会を設けることになりました。

ジョンソンの狙いは、ここで日本側に沖縄や本土にある米軍基地の重要性を知ってもらうとともに、「日本自身が自国の安全保障のために何が必要なのか[☆1]」を考えさせることにありました。そこには、近い将来予想される沖縄返還の際に日本に防衛意識を根付かせて米国の負担を軽減し、極東の安全保障に日本を関与させるという壮大な構想が隠されていました。これはジョンソンの長年の持論でした。彼は側近に、沖縄返還を求める日本側の圧力を「天の恵み」とさえ話していたのです[☆2]。

最初の小委員会は67年5月、芝・白金の外相公邸で開かれました。それまで日米間の安全保障協議の日本側参加者は外務省だけでしたが、小委員会では防衛庁事務次官や制服組高官も加わり、米側からも国防次官補や太平洋軍高官らが参加しました。会議では沖縄の軍事的重要性のほか、ソ連からの弾道ミサイルへの防衛体制など、機微な問題も扱われました。小委員会はその後、沖縄返還後の日米間の安全保障体制の在り方を協議する場となりましたが、会議の開催はマスコミには極秘でした。

「基地の全面撤退も可能です」

ジョンソンには日本を極東の安全保障に関与させるという深慮遠謀《しんりょえんぼう》がありましたが、それ以前に日本側を説得しなければならない重要な課題がありました。それは返還後の沖縄の基地が返還前と同様に自由に使えるという約束を日本と交わすことでした。

60年に改定された安保条約では、米国が日本で軍隊の配置や装備の重要な変更がある場合、あるいは日本の基地から戦闘作戦行動を行う場合は事前に日本政府と協議することが定められました。これを事前協議制度[*2]と言い、日本政府が「イエス」と言わなければできないことになっていました。米国が60年当時、こうした制約を容認したのは主要な基地群のある沖縄が、この適用を受けない米施政下にあったためでした。ところが沖縄返還となると、これらの基地群もその対象になります。これは米軍にとって絶対に認められないことでした。

ジョンソンは67年7月15日、ホテルニューオータニで外相の三木、次官の牛場らと極秘に会談します。三木はこの場で「日本とその周辺地域の防衛のために、米国は最小限何を必要とするか」と問いました。米側の返還条件を探るためです。実は、この時点に至っても日本政府は返還の条件や沖縄の基地の在り方などについて、まともな検討をしていませんでした。日本政府にとって、沖縄は単なる「領土問題」でした。だから、まず相手の条件を聞き出そうとしたのです。

ジョンソンは毅然とこう反論します。「問題は米国が何を要求するかではなく、日本がこの地域で何を望むのかということです[☆3]」

そして諄々《じゅんじゅん》とこう諭します。「もし沖縄で米国の自由な行動が制約されれば、（中国や北朝鮮に対する）抑止力も後退することになるでしょう。そうなれば日本はふさわしい抑止力のレベルを、自身の国益という観点から自ら決定しなければなりません」

まるで大人が子供を諭すようなもの言いです。ジョンソンはとどめを刺すようにこうも言いました。「米国が沖縄から全面撤退することも可能ですが、その代わり抑止力は犠牲になります」。まさに、脅しに近い言いっぷりでした。〝脅し〟はまだ続きます。「われわれは沖縄にも事前協議が必要だということにしても結構です。しかし中国がタイやラオスに侵攻した場合、日本政府は米軍の出撃を許すべきかどうか自ら決めなくてはなりません。日本は国際政治の力学に巻き込まれることになります」。国際紛争に関わりたくない日本の急所を突いた指摘でした。

これに対し三木は、「問題は米国が最低限の要求をどこに置くかである」と繰り返すのみ。三木だけでなく外務省や歴代政権も、安全保障問題をジョンソンが指摘するような観点から検討したことはありませんでした。先の小委員会を設置する際、ある外務官僚はジョンソンに対し、「(そこで)どんな質問をすればいいのかもわからないほど私たちは無知なんです」と漏らしたそうです。[☆4]

返還問題を安全保障論に絡ませた時点で、交渉の主導権は米側のものでした。返還する側が有利なことは当然に見えますが、外務省はこの時点で米側が沖縄や本土の反米・反基地の民意を恐れ、軍部内には沖縄基地の移転論さえあったことに気付いていませんでした。外務省の基本方針は米国の要求にどう折り合うか。それ以上でも以下でもありません。だからこそ三木は、「最低限の要求は何か」を繰り返すしかなかったのです。

ジョンソンは、こうして少しずつ佐藤周辺に米側の意向を伝えていきます。それはマクナマラ、スナイダーやハルペリンら本国政府の返還推進派と平仄《ひょうそく》を合わせたものでした。マクナマラはこの時期、ジョンソン大統領に対しても「この問題を〝返還〟という狭い範囲ではなく、より広い視野の中で論ずるべきだ」と具申しています。[☆5] 軍部という内なる敵を説得しながら、一方で日本側には国益の最大化を図るしたたかな交渉を仕掛ける。米国の要求を探り出すことに終始した外務省とは、戦略の厚みが違っていました。

「核撤去」をカードに「基地の自由使用」追求

基地の「自由使用」と並んで、返還交渉の焦点となったのは沖縄に貯蔵されている「核」でした。沖縄返還の経緯を研究するあまたの書物では、米政権が核撤去を決断したのはいつだったのかが焦点の一つになっています。

政権として正式な決定をしたのは返還に合意したニクソン政権ですが、米公文書を手繰っていくと、少なくとも軍部を除く歴代政権の中枢は、相当早くから沖縄に核貯蔵は必要ないと考えていたことが分かります。

ジョンソン政権下で国防長官を務めたマクナマラは67年半ば、スナイダーやハルペリンらとやりとりした書簡の中で、「沖縄からすべての核兵器を撤去しても米国の顕著な機能低下とはならない」と記述しています。[☆6] それは軍事技術の発展を背景にしたものでした。核兵器を搭載した潜水艦からの発射技術が60年代半ばに開発され、固定した陸上基地への配備は攻撃対象となるため、かえってリスクが高いとみなされるようになりました。マクナマラは67年1月、米上院で当時西ドイツにあった核搭載ミサイル兵器メースB[*3]の撤去方針を明らかにしています。ちなみに、この報道に注目して沖縄からの核撤去は可能だと佐藤に進言したのは、前述の元早大総長・大濱でした。

マクナマラは67年9月13日、米国ウィリアムズバーグで開かれた日米閣僚会議で三木と会談します。三木の狙いは、相変わらず米側の「最低限度の要求」を探り出すことでした。「合意時期の合意」を決めることになる11月の日米首脳会談を前に、交渉方針の選択肢を知っておきたかったからです。

ジョンソン大使は回顧録の中で「われわれは、譲歩しようと思えばいつでもできるので（中略）強硬な姿勢を崩さず、核兵器貯蔵と基地の自由使用の権利については、少しも譲歩の意思がない旨を示唆する」[☆7]ことをマクナマラと決めたと記述しています。

ジョンソン政権は「沖縄での基地の自由使用」という重要な目標のために、「核撤去」というカードを温存したのです。この方針は、ジョンソン政権の後のニクソン政権でも引き継がれました。民主党から共和党への政権交代でしたが、ジョンソン（ニクソン政権下では国務次官に転任）、スナイダー（駐日大使館公使に転任）など返還交渉の中枢に関わる実務スタッフを政権内にとどめたためでした。

閣僚会議で米側は、「日本が米国に何かを期待する以上は、それを可能ならしめる政治的責任を引き受けてもらいたい」という趣旨の発言を繰り返します[☆8]。困惑する日本側に対し、ラスク国務長官はずばり、「日米両国が沖縄基地の安全保障上の役割を妨げない条件で一致するなら返還が実現する」と言明しました。

11月16日にはこんなこともありました。ハルペリンのもとを訪れた千葉らが「基地と施政権の分離」による返還の可能性を問うと、ハルペリンは「グアンタナモ方式[*4]は沖縄の場合、不可能だ」と一刀両断します。その理由は、「沖縄の施政権返還は、その地域における米国の軍事行動について日本が米国とともに政治責任を分担するという意味で考えられているのであり、その責任を回避するような方策は採用できない。責任分担は沖縄返還の最も重要な部分だ[☆9]」ということでした。

「基地の自由使用」と「日本の役割分担」。米国の返還交渉における目標は、既にこの時点で固まっていたのです。日米首脳会談では佐藤が望んだ「返還合意の時期の合意」が実現し、日本側は〝成果〟を喜びますが、交渉の肝の部分は完全に米側が握っていました。

受け身に終始した外務省

外務省は、こうした状況にどう対応していたのでしょうか。

佐藤が沖縄返還を公約に掲げた際、外務省高官が半信半疑だったことは既に述べました。それはベトナム戦争の最中に米側が応じるはずはないという固定観念もありましたが、佐藤政権がどこまで持つのか、まだ読めなかったことも大きな要因です。官僚という生き物は、仕える上司、つまり政権の安定性を気にします。首相の方針に従って努力しても、政権が代われば努力が無になるばかりでなく「前首相の息がかかった人物」として放逐されかねないからです。外務官僚にとって、それより重要なのは日米関係でした。

象徴的な逸話があります。1966年夏、当時の次官・下田武三が部下の課長クラスと会食したときのことです。外務省の中には、佐藤の返還方針に呼応して米国との折衝に前のめりの若手もいました。下田は会食に出席したその一人の前で3本の箸を並べ、その上に茶碗を載せてこう言いました。「箸の一本は憲法9条、一本は安保条約、最後の一本は沖縄だ。君のやろうとしていることは、この一本を取ろうということだ。茶碗はひっくり返るぞ」。下田は茶碗を「日米関係」に見立てて、米占領下にある沖縄こそが、それを支える柱の一つだと言いたかったのでしょう[☆10]。

しかし佐藤政権は意外に安定感があり、沖縄返還の公約も降ろそうとしません。67年初め、人事異動があって下田は駐米大使に、北米局[*5]長も東郷文彦に代わります。外務省が返還交渉を具体的に検討するようになったのは、この頃からです。

対米交渉の事務方トップである北米局長の座に就いた東郷は、「自分は沖縄返還をやるために北米局長になった」[☆11]と気負っていました。ただ、「『本土並み』一本鎗で解決しうるものにあらず」と、下田と同様に米側の事情を重視していました。

東郷は、就任早々に省内幹部に宛てて、「仮に、沖縄基地は安保条約・地位協定をもって律するも、沖縄に関してはいわゆる自由使用を認めるとするならば米国として施政権をわが国に返還し得ざる理由なく」と記したメモを綴っています。要は「基地の自由使用」を認めれば米国が返還を拒む理由はないという意味で、米国に沖縄での自由使用を容認する特別協定を結ぶことを提案したのです。米公文書によると、東郷はその趣旨を67年１月にジェームズ・マーティン高等弁務官政治顧問に伝えていますが、佐藤首相の了解を取ったのかどうかは確認できません。

東郷の提案に呼応するように、下田が67年２月の記者会見で、「基地の自由使用について国民がはっきりした態度を決める必要がある」と発言します。それは米政府の意を汲み、沖縄だけを当面は事前協議の対象外とする特別協定を念頭に置いたものでした。外務官僚がここまで政治的な発言をするのは異例で、その後の国会では野党に激しく追及されました。一方、米政府は下田について、あまりに米側に好意的な見解を示すので、彼の発言が日本政府全体の政策方針なのかどうか測りかねていたようです。

事実、佐藤はその後の記者会見で「本土と沖縄の一体化を図ることが大事で、下田発言は観念論」と指摘しています。

このように外務省幹部の返還方針は、米側の示す条件を前提として、それを日本側は受け入れやすい形に〝変換〟するという「受け身」の戦略でした。核貯蔵についても明確に拒否するという姿勢ではなく、世論の動向や米側の出方をうかがっている状況でした。

若手官僚たちの反乱

その外務省内にも、次官、局長といった幹部とは一線を画す動きがありました。枝村純郎、千葉一夫のほか、条約課長の中島敏次郎《なかじまとしじろう》、首相秘書官として出向中の本野盛幸《もとのもりゆき》といった、戦後入省の若手官僚たちです。

枝村は60年から4年間ワシントン勤務を経た後、64年5月に本省北米課の首席事務官となります。佐藤が沖縄返還を掲げて自民党総裁選に臨むなど、「沖縄問題」にスポットが当たり始めた頃です。外務省でアジア局の所管だった沖縄問題が北米局に移管されたのも、同年

６月でした。それまで沖縄は対米交渉の対象ではなく、単に「アジアの一部」だったのです。枝村は北米課の近い将来の最大課題は沖縄返還だと認識します。それは「沖縄の異常な状態、いわば植民地支配の状態を抱えているなかで１９７０年（安保条約の期限）を迎えるとすれば、大変なことになるぞ[☆12]」という意識でした。

ただ、周りにはなかなか同志はいませんでした。外交の要諦に、「イシューとすべからざるものをイシューとするな」という言葉があります。枝村自身が自著でそうぼやいたように、「問題をつくらないことが外交における上策」という空気が、当時の外務省内にはあったようです。

首席事務官に着任してしばらくした頃、３期上の千葉が「ワシントンに転勤するので実情を聞きたい」と相談に来ました。枝村は渡りに舟とばかりに、「将来大きな問題になるのは（沖縄、小笠原などの）島（の返還）だ」と伝え、２人はその後、５年先の返還合意に向けてタッグを組むことになります。

枝村は64年秋、ワシントンに出張し、駐米大使館書記官となった千葉とともに国務省、国防総省の沖縄担当官らと会談を重ねます。しかし当時の米政府、特に軍を抱える国防総省の壁は厚く、「議論すら余計なこと」という態度でした。米国は現状に満足していると考えた枝村は、米側を交渉のテーブルにつかせる算段を練ります。それは、異民族支配の不合理性とコストを米政権に理解させることでした。外務省上層部は沖縄返還などまともに考えていない時期。いわば若手官僚による静かな反乱でした。

そして佐藤ジョンソン初会談を受けた65年1月の日米共同声明に、枝村の意図がひそかに盛り込まれます。その第11項では、それまで沖縄への経済援助問題に限られていた日米協議委員会[*6]の議題を「(沖縄)住民の安寧の向上を図るために両国が協力しうる他の問題についても協議しうるよう(中略)機能を拡大すること」とされました。この結果、これまで日本政府が口を挟めなかった沖縄の自治権拡大や主席公選、あるいは基地問題について発言ができるようになったのです。米側からすると、基地に反発を強める沖縄民意の懐柔策だったのでしょう。しかし、これが米軍政下で情報管理されていた沖縄の実態を米政府全体に伝えることになり、ジョンソン‐ニクソンと続く政権が、「沖縄返還やむなし」の意思を固めさせる回路になっていきます。

その半年後、第1章で記した通り、佐藤は沖縄を訪問し、「沖縄の祖国復帰が実現しない限り、わが国にとっては戦後は終わっていない」という歴史的スピーチをしますが、枝村はこの文言の発案者が自分だったことを自著で明かしています。それによると、スピーチの草稿は総理府特別地域連絡局を中心に作成されていましたが、外務省出身の首相秘書官・本野から「もう一つパンチがないから君も入ってくれ[☆13]」と言われ、枝村は起草グループに加わります。

　枝村は１９５６年の経済白書が「もはや戦後ではない」と記したことに対し、「沖縄が異民族支配の下にあるような状況で、『戦後が終わった』というのはおかしい」とかねてから思っていました。そこで、「沖縄の祖国復帰が実現しない限り……」を提案したそうです。沖縄での佐藤の歴史的スピーチは、もう一つの歴史的名文句のアンチテーゼだったわけです。

　このスピーチには、もう一つ逸話があります。こうした草稿は通常、外務省トップの決裁を受けますが、当時の北米局長・安川壮《やすかわたけし》は自分限りの決裁にして、トップの下田事務次官に上げませんでした[☆14]。事実、下田は日経新聞の「私の履歴書」の中で、佐藤の発言は「青天の霹靂」だったと記しています。枝村はこれについて、「『自分が事前に知っていれば、総理にそんなことは言わせなかっただろう』というニュアンスだった。安川局長は、そのような下田次官の認識をご存知で、あえて次官に上げずに処理されたのだと思う」と綴っています。

　前項で触れた「茶碗と三本の箸」で、下田が諭した相手も実は枝村でした。下田、東郷ら、戦前に外務省に入省し敗戦を味わった旧世代の官僚たちにとって米国は、「絶対」の存在だったのでしょう。彼らは60年の安保条約改定作業を通じて、米国の〝強さ〟を体感しているという点でも共通していました。一方で、枝村や千葉といった戦後入省組には、そうしたコンプレックスは薄かったのかもしれません。

米側からみても、外務省の二層構造は明らかだったようです。それを象徴する逸話があります。68年12月末、静岡県下田市で開かれた日米合同委員会の帰りの列車の中でのことでした。一緒に帰途についたハルペリンと千葉は、交渉方針で意見交換します。そこでハルペリンは、「『核抜き本土並み』は軍事戦略論ではなく、政治的観点から取り上げた方が米政府の同意が得やすいだろう」と助言しました。[☆15] ハルペリンは、外務省幹部が米国の安全保障政策をまともに受け止め過ぎていると考えたのでしょう。核アレルギーや安保継続といった日本側の政治的事情を強調すれば道が開けるというアドバイスです。

メモを持っていなかった千葉は列車のトイレに駆け込み、ハルペリンの指摘をトイレットペーパーに必死に書き込みました。「戦略論はダメ、政治論」と綴ったこの時の紙片を、千葉は終生保存したそうです。

敵から塩を送られるような話ですが、ハルペリンから見ても、外務省幹部らの固定した感覚がじれったかったのかもしれません。こうした米側からのシグナルをきっかけに、千葉、枝村らの若手は、国務、国防両省幹部の微妙な態度変化に留意するようになりました。

若手の台頭はその後、外務省内の政策判断にも多少の変化をもたらしました。ただ、それは限定的なもので、交渉の最後まで外務省は佐藤の信頼を取り戻すには至りませんでした。

２・２　佐藤はなぜ「核抜き本土並み」を目標としたのか

69年3月10日の国会答弁

ここからは、佐藤政権が米国との本格協議に入っていく過程を検証します。

ジョンソン大統領との二度の首脳会談を終え、「合意の時期」を「両三年内」とした佐藤はいよいよ交渉方針を固めます。そのキーワードは「核抜き本土並み」。これは中学校でも習う有名な言葉です。でも、これは佐藤の造語ではありません。誰が言い出したかはよく分からないのですが、佐藤は逡巡の末、これを交渉方針とします。

それまで佐藤は、国会質疑や記者会見で交渉方針を問われても、ずっと「白紙」としてきました。それはじれったいほどでした。さすがに「待ちの佐藤」と言われた慎重《しんちょう》居士《こじ》。その佐藤が正式に「核抜き本土並み」を掲げたのは1969年3月10日、参院予算委員会での質疑でした。ただ、この時の佐藤の答弁にはこの言葉は出てきません。具体的な文言を見ていきましょう。

まず、「核抜き」からです。佐藤は「沖縄の核はどうするのか」との前川旦《まえかわたん》議員（日本社会党）の質問にこう答えます。喋り言葉なのでやや理解しにくいかもしれませんが、大事な答弁ですので国会議事録からそのまま引用します。

「ことにＩＣＢＭがあり、ポラリスがあり、さらにＢ52[*1]があると、こういうことを考えると、ここに核は必要ないんだと、こういう主張は可能ではないかと、かように思っております」

「基地そのものがその現地にいる人たちの理解がなければ基地の効用を十分発揮できないんだ、これだけははっきりしているんですが、そしてそれがいまのように最もきらう核を持っている、なおさら理解はしにくいんじゃないか、そういうところの問題もあることは、これは百も承知でありますし、そういう意味の説得はもちろん私はしたいと、かように思っております」

つまり、佐藤は軍事技術の進展で、地上基地に核を置く必要が薄れたこと、そして基地運営は地元の理解抜きでは難しく、特に日本では核に対するアレルギーが極めて強いこと。この2点を「核抜き」の理由として掲げています。

次に「本土並み」について。佐藤はこう説明しています。

「特別の取りきめをすれば安保の改定になる。これが一つと、それから沖縄について本土と別な取り扱い方をするという、これはどういう意味か、私どもはこれはできないことだと、かように実は考えております。幾ら日本で別な扱い方をしても、相手方は、これは別だからといって——沖縄の攻撃をすると同様に本土の攻撃もするだろう、かように思いますので、別扱いはできないものだと、かように考えております。（中略）沖縄が本土に返ってくれば、当然日本の憲法も、また安全保障条約もその地域にそのまま適用になる、これが普通の考え方でありますから、別な取りきめがあればその改正をしなければならぬ、これはもう理論的に当然の帰結でございます」

沖縄を本土と別扱いしても、敵国は区別せず攻めてくる。だから沖縄に特別取り決めをしても意味がないし、憲法、安保条約を本土と同様に適用するのが自然だ——。これが「本土並み」の趣旨でした。一連の答弁は外務官僚が事前に準備した答弁要領にはなく、佐藤が一人で判断し述べたものでした。

密使の情報

実は、この国会答弁の2か月前の69年1月に佐藤は「核抜き」方針を決断し、ある人物に伝えていました。それは、一時帰国した下田駐米大使でした。11月に予定している日米首脳会談に向けての、事前打ち合わせのための帰国でした。

1月13日、佐藤は首相官邸で下田と向かい合います。下田はこの時、米政権内の雰囲気を踏まえて、「核抜き」を条件にすれば早期の返還は難しいとの見通しを述べます。以下は下田の回想[☆1]です。「佐藤首相は長考一番、息づまるような沈黙が続いた。そこへ突如、ドアを開けて保利《ほり》官房長官が入ってこられた。それが合図となったかのように、佐藤首相は『下田君、やはり核付きの返還なんて考えられんよ。あくまで核抜きでいこう』と、厳然として裁断された。それは長年にわたる沖縄返還交渉の大きな方向を定めた歴史的瞬間であった」

下田はしばらく沈黙したあと、「承知しました。成否のほどは確信が持てませんが、その方向で最善の努力を尽くしてみます」と言って辞去しています。このときのことを、保利茂《しげる》は著書『戦後政治の覚書』（毎日新聞社）の中で、「あの時に外務当局や、出先の意見によって左右されていたら、ああいう形での返還はなかった。首相として一世一代のリーダーシップをとったと強く感じた」と絶賛しています。

それにしても、佐藤は何を根拠に「核抜き」方針を決断したのでしょうか。

決定的な証拠はいまだに見つかっていませんが、佐藤の心証形成に影響したとみられるいくつかのヒントはあります。その一つは、密使として米政権内の情報を佐藤に上げていた若泉敬の存在です。

若泉が67年11月の日米首脳会談の際、「合意の時期の合意」を米側にのませるために奔走したことは既に述べました。佐藤はそれ以降、特段の要請はしていませんでしたが、若泉はその後も独自に情報収集を重ねていました。68年9月、若泉は英国で開かれた学会の帰途、ワシントンに立ち寄り旧知のハルペリンと懇談しています。その時、ハルペリンは交渉の見通しを以下のように伝えています。

「次の米日首脳会談では、72年末までに返還することに合意するとともに、首相は大統領に対し、核兵器を撤去してほしいと強く要望し、両者は、返還時までに基地の態様について相互に満足のいく合意に達することを了解する。最終的には、核は一応撤去する。ただし、これはいままで『ある』とは言っていないのだから、どう表現するかが問題だ」[☆2]

ハルペリンはさらに、核の再持ち込みを容認することが必要との見解を示しますが、返還時の核撤去の見通しに言及したことは若泉の記憶に強く残ったようです。若泉は帰国直後の10月15日、佐藤にこのことを報告しています。若泉はその後、12月にも伊豆下田で開かれた日米政策企画協議[*2]に出席したハルペリンやスナイダーらと会って情報収集を続けています。そして12月23日に佐藤と再度会い、「(佐藤に対し)核抜きだけはなんとか行けそうだ、とかなり自信をもって言い切った」と自著で綴っています。

米専門家の援護射撃

「核抜き」の決断をした佐藤の頭の中には、このほか、67年1月に当時のマクナマラ国防長官が西ドイツの核搭載ミサイルの撤去方針を明らかにしたことに注目した大濱の進言もあったのかもしれません。ちなみに大濱は、西ドイツのミサイル撤去予定が72年とされたことから、沖縄からの核撤去も、この時期なら可能と判断して佐藤に「72年返還」を提言しています。

その大濱はさらにもう一つ、佐藤の「核抜き」方針を後押しする仕掛けを講じています。68年２月、大濱は返還交渉での基地の扱いを専門に討議する沖縄基地問題研究会を、沖懇の下部組織として新たに設置します。それは、「政府の内部をみても与党をみても、この問題に真剣に取り組み、対米交渉の準備を進めている様子がない」と考えたためでした。[☆3] 佐藤に相談し、賛同を得たと自著に綴っています。沖懇は首相の諮問機関ですから、基地研の結論も政府に答申することになります。

その基地研は69年１月末、佐藤の「核抜き本土並み」方針公表の露払いとなるような国際会議を京都で開きました。大濱はその目的を、「沖縄問題の解決を促進するには、（中略）アメリカ政府の政策決定に影響力のある有力者を動かすことがもっとも得策であると考え（中略）、両国の有力者による民間会議を開催したいと思」ったとしています。[☆4]

そこに集められたのは、確かに錚々《そうそう》たるメンバーでした。米側はアーレイ・バーク海軍大将、マクスウェル・テーラー元統合参謀本部議長、アルバート・ウォールステッター・シカゴ大学教授（核戦略）、ライシャワー前駐日大使、ロバート・スカラピーノ・カリフォルニア大学政治学部長、トーマス・シェリング・ハーバード大学教授（戦略研究）ら９人。日本側は大来《おおきた》佐武郎《さぶろう》・日本経済研究センター理事長、猪木《いのき》正道《まさみち》・京大教授（政治学）、蠟山《ろうやま》道《みち》雄《お》・国際文化会館調査室長、武者小路公秀《むしゃこうじきんひで》・上智大学国際関係研究所長、久場政彦《くばまさひこ》・琉球大教授（経済学）のほか、武内竜次《たけうちりゅうじ》・元駐米大使、喜屋武真栄《きゃんしんえい》・復帰協会長や三輪良雄《みわよしお》・元防衛事務次官ら元防衛官僚も名を連ねました。

4日間にわたる会議は活況でした。大濱が狙った「アメリカ政府の政策決定に影響力」を及ぼしたかどうかは微妙でしたが、思わぬ副産物がありました。ウォールステッターやシェリングら、米核戦略研究の第一人者たちが口々に沖縄基地に核を置くことの安全保障上の価値に大きな疑問符を付けたのです。

ウォールステッターは会議に提出したリポートで、「沖縄周辺で短距離戦場核を大量に使用するケースはほとんどないことは10年前よりはっきりしている。沖縄で起こるような政治問題なしに貯蔵できる代替地が北アジアにあるだろうし、船上でも貯蔵できる。輸送方法が敏速化されたので、運送時間も短縮されている」として、沖縄の核貯蔵が合理的意味を失いつつあるとの見解を示しました。バーク、テーラーといった軍関係者はこうした意見に懐疑的でしたが、会議に出席していた若泉は、「軍人たちの批判も、沖縄に核が絶対に必要だとかではなく（中略）、どちらかといえば、万一のことを考えての論旨」と自著に綴っています。

大濱ら主催者側も、米政権に影響力のある第一線の専門家が「核抜き」についてここまで〃援護射撃〃してくれるとは意外だったようです。基地研の久住《くすみ》忠男《ただお》座長は、会議後すぐに木村官房副長官に、『核抜き本土並み』でアメリカ側の受諾がえられる可能性が大きいとの感触をつかんだ」と報告しました。[☆5]

しかし、その日の「佐藤日記」には「壱時から大浜君を中心に京都日米会議に出席の連中揃って二時まで詳細報告をきく、うるさいので当方は只聞役のみ」とそっけなく書かれています。若泉はこの不可解な対応について、佐藤の心中は「実際には自ら期するところあり」ではなかったかと推測しています。

前述の通り、佐藤はこの１か月前に「核抜き」のハラを決め下田に伝えていましたが、京都会議での〃援護射撃〃で意を強くしたことは確かでしょう。実際、３月の国会答弁での「ＩＣＢＭがあり、ポラリスがあり、さらにＢ52があると、こういうことを考えると、ここに核は必要ないんだ」という理屈付けは、ウォールステッターらの言を具体的な兵器に置き換えたもので、佐藤が京都会議のやりとりに影響を受けていたことは明らかです。

ちなみに京都会議は「純民間の主催」という建前でしたが、大濱によると、その費用は２８００万円。１８００万円は財界からの寄付で、残りの１０００万円は政府の援助でした。

会議開催に政府が一枚噛んでいたことは当時知られていませんでした。

マジックワードだった「本土並み」

基地研は京都会議から1か月余り後の69年3月8日、最終報告書を公表します。その骨子は、①69年中に返還時期を確定させ、遅くとも72年までに返還、②返還後の沖縄に安保条約を全面的に適用、③沖縄の基地は過密であり返還前に可能な限り整理統合、④返還の細部を詰める日米協議機関を設置、といったものでした。核については、「海外基地に核運搬手段を配備することの重要性は非常に少ない」と付記しています。

この最終報告が出た2日後の3月10日、これまで交渉方針を問われても「白紙」としてきた佐藤は、ようやく公式に「核抜き本土並み」を表明します。世の中から見ると、基地研の報告に従った形です。実際そうなのでしょうか。

前に触れた通り、「核抜き」について佐藤は2か月前の1月にその方針を下田に伝えています。ただ、佐藤は基地研の議論を毎回出席していた政府関係者から聞いており、68年秋の時点で、基地研の大方が「核抜き」で固まったことを知っていたはずです。加えて、自民党内や野党あるいは新聞なども、「核付き」の返還には否定的な意見が大勢でした。

さらに言えば、佐藤は68年10月の時点で、若泉から米国が核抜きを容認する可能性を伝えられています。ですから佐藤は、遅くとも68年末には「核抜き」で交渉していく決意を固めていたと考えていいでしょう。つまり佐藤は一定の成算を持った上で、基地研の報告を〝世論〟に仕立て直し「核抜き」方針を公表したということです。裏を返せば、佐藤は「核抜きだけは譲れない」といった信念があったわけではないということです。

実は佐藤は当初、場合によっては「核付き」返還もやむを得ないと考えていたフシがあります。それを証明する逸話がいくつかあります。68年11月の大統領選でリチャード・ニクソンが当選した際、佐藤は前任のジョンソン大統領と交わした「両三年内に返還合意の時期を決める」とした約束が反故《ほご》にされるのではないかと不安を持ち、ニクソン側に京都産業大学教授の高瀬《たかせ》保《たもつ》を密使として派遣します。その時、佐藤は「ニクソンが『両三年内』を引き継がなかったら、日本側が譲歩しよう。核付き、基地の自由使用まで後退しよう」と高瀬に伝えています。[*3] つまり第1章で記したように、佐藤にとっては「早期返還」が何より大事なことで、「核」や「基地の自由使用」は二の次だったのです。

佐藤は後年、非核三原則[*4]や沖縄返還の功績でノーベル平和賞を受賞しますが、非核へのこだわりも、それほど強いとは思えません。佐藤政権が発足した64年11月から1か月半後の12

月29日、佐藤はライシャワー駐日大使との会談で、「相手が核を持ったならば、みずから核を持つのは常識的なことである」と述べています。発言は批判を浴び、その後撤回しますが、自ら表明した非核三原則を71年11月に衆院が決議した際には、「非核三原則はあくまで政策なんだ。国家決議なんてしたら国是になってしまって、身動きが取れなくなる」と怒ったといいます。[☆6] 直接の理由は、後に述べるように核再持ち込みの密約をニクソンと交わしていたからでしょうが、佐藤自身は日本の安全保障上、核の保有を必ずしも否定していなかったとも言われています。

結局、佐藤の「核抜き」方針は、一定の実現可能性を見通した上で、「核は嫌だ」という世論に従ったと考えるべきでしょう。

「本土並み」という方針にもしたたかな知略が潜んでいます。佐藤のいう「本土並み」は、基地研の報告と同様に「安保条約を本土と同じように適用すること」なのですが、そのまま「核抜き安保適用」ではなく、当時流布された「本土並み」という言葉に言い換えて曖昧性を持たせた。ストレートに「核抜き安保適用」をスローガンとすると反安保を掲げる勢力の標的になりますが、「本土並み」であれば民意の最大公約数ですから異を差し挟む余地はない。その解釈が「経済や法制度が本土と同じ」であっても、あるいは「核抜き」と同意反復であっても、沖縄の人たちが願った「本土並みの基地の密度」であっても構わなかったということです。逆に言えば、「本土並み」は沖縄民意と政府方針との違いを不可視化したマジックワードでした。

政府がそうした世間の〝誤解〟を放置しようとしていたことは、外務省の公文書にもうかがえます。少し先の話になりますが、返還が合意された後に外相の国会説明のために北米一課長が作成した71年5月12日の「沖縄返還協定締結交渉の経緯に関する外務大臣報告（試案）」の原文にはこうありました。「（本土並みは）一部でいわれているように、沖縄の米軍基地の面積や規模が物理的に広大な本土にちらばっている程度に縮少されたり、本土と少しでも異なる米軍部隊は駐留できないということを意味しません」。課長は返還合意から1年半経ってようやく〝誤解〟を解消しようとしたようですが、原文を添削した上司は「弁解がましい」と書き込み、この部分を削除しています。

「本土並み」はまた、安保条約では到底認められない沖縄基地の本来目的を、曖昧な形で日本側が容認するマジックワードでもありました。カリフォルニア大学サンタバーバラ校の福井治弘名誉教授は、本土の米軍基地が日本と極東を対象としているのに対し、沖縄の基地は「日本以外のアジア・太平洋地域における米軍の作戦行動に役立つことを目的としたもの」

と指摘。『「本土並み」という概念を用いる場合に、本土基地と沖縄基地が持つ目的および戦略上のこのような重大な差を考慮に入れなければならなかった」（「沖縄返還交渉―日本政府における決定過程」）としています。

基地研の報告書公表からわずか2日後に表明された「核抜き本土並み」は、日本の叡智を集めた機関が打ち出した方針をそのまま採用した形にすることで、民意を反映した交渉方針として権威付けするのが目的だったといえるでしょう。そして、この言葉の曖昧さこそが、沖縄の民意を抑え、対米交渉に当たっても駆け引きと妥協の余地を生み出したのです。

2・3 基地研は何を議論していたのか

半世紀ぶりに明らかになった議事録

ここまで見てきたようにSオペ、若泉、沖懇、基地研と、沖縄返還問題は外務省ではなく、佐藤が信頼を寄せる私的な政策グループが主導する形で進んでいきます。

この項では、「核抜き本土並み」方針の先導役となった、沖縄基地問題研究会について検証します。というのは、この基地研が佐藤の対米交渉方針の骨格を築いたと同時に、沖縄返還をめぐる当時の世論形成に大きな役割を果たしたからです。

基地研のメンバーから見ていきましょう。座長は軍事評論家の久住忠男。事務総長は歴代総理の指南者として知られる末次一郎《すえつぐいちろう》*1が務め、ほかに前法制局長官の林《はやし》修三《しゅうぞう》、慶大教授で政治学者の中村菊男《なかむらきくお》、東京工業大教授で政治学者の永井陽之助《ながいようのすけ》、東大教授で国際政治学者の衛藤瀋吉《えとうしんきち》、慶大教授で法学者の神谷不二《かみやふじ》、京大助教授で国際政治学者の高坂正堯《こうさかまさたか》など著名な専門家12人が集められました。その中には佐藤の対米密使となった若泉敬も名を連ねたほか、朝日新聞論説委員の岸田《きしだ》純之助《じゅんのすけ》を始め、大手新聞3紙の論説委員も入っていました。名の通った学者らを集め、さらに大手3紙を組み込んだところに世論形成への意図が読み取れます。実際、基地研が最終報告を出した際、大手紙はこぞってその内容を評価し、「核抜き本土並み」を「国民合意の足掛かりにせよ」と訴えています。

基地研の会合は68年2月から69年3月まで20回開かれ、討議内容は折に触れて佐藤に報告されましたが、会議はすべて非公開で議論の中身はこれまで不明でした。

しかし２０１９年5月、事務総長を務めた末次一郎の遺族が、遺品の中から16回分の議事要録を発見し、国立国会図書館に寄贈したことで討議の詳細が明らかになりました。議事要録は全体で２４９ページ。背表紙に「基地研・議事要録」とマジックで書かれたコクヨの青いバインダーに綴じられ、1回ごとに「秘」のスタンプが押されて討議内容がタイプ印刷されていました。毎回の出席者は冒頭に実名で記され、発言者は「B氏」「Q氏」など匿名の記載ですが、「核抜き本土並み」の交渉方針がどのような理屈と背景で決まっていったのかを考える上で一級の史料です（章扉の写真を参照）。詳細に見ていきましょう。

2月17日に開かれた第1回の会合では、返還に向けて米政権を動かす手段が語られています。B氏は、「（米高官に）措置を誤れば大変ですよ――とつめよったが、それで国務省はあわてた」などと過去の交渉での体験談を語り、Q氏が、「結局、米側をおどす以外にない。まず第一に朝鮮戦争（停戦）での失敗、北ベトナム失敗……次は沖縄に火がつき、比島、日本だとおどすことだと思う」と応じます。O氏も、「沖縄の世論の帰すうに従うということ一本で強力に推進することが得策だと思う。その世論を背景とした大衆運動を米に向けるということではあるまいか」と同調し、この日の議論は世論による圧力が米政府に最も効くという点で一致をみました。交渉方針が何であれ、日本全体の世論として固まれば、交渉上大きな武器になるということでした。

たしかに近年公開された米公文書には、米政権が本土や沖縄の反基地・反米感情の高まりで安保条約破棄、基地の撤収につながることを警戒していたことを示す記述が随所に出てきます。この点、基地研のメンバーは、米国の意向を重視する外務省とは違ってツボを突いた指摘をしていたといえるでしょう。

2回目は3月27日。沖縄を訪問したR氏が「屋良氏は（基地の）即時撤去は不可能で、まず基地云々より施政権返還が先決であることを主張しており、基地の在り方や安保条約の問題などはその次の段階で取組むべき――という考えだ」と述べます。そこで返還時に沖縄の基地がどの程度保持されるべきかの議論となり、「a：もっとも大きい場合（現状維持）、b：もっとも小さい場合（本土並み）、c：その他考えられる場合、d：基地区域の縮小はどの程度まで可能か」といった問題点が整理されます。

注目すべきは、外務省が論外としてきた基地縮小論が、基地研では早々に重要なテーマとして取り上げられていたことです。

4月18日の第3回ではL氏が、「返還時の基地の在り方」の原案を示しました。その要旨は、「一、返還時までに基地をある程度自発的に削減。安保条約適用。二、本土並み。安保条約をそのまま適用」ということでした。

L氏は、「沖縄だけで14％（沖縄全体に占める面積割合）という基地は広すぎるし、その中にはベトナム用の部分もあるから削減は可能だろう」「米国の国際収支で20億ドルの海外駐留諸経費をつぎ込んでいることから軍事予算の合理化を考えた時、沖縄基地の縮小整理は希望を与える好材料となろう」「ベトナム交渉開始後の軍事技術の高度化もあり、今後10年間に海外基地の必要は大幅に減るだろうとマクナマラも述べている」と持論を展開しています。

5月22日の第4回でも基地縮小論は続きます。I氏は、「8月ごろに出る『フォーリン・アフェアーズ』に書いておいたが、基地を撤廃することが如何に大事かということなどを知らせる必要があろう」と述べ、L氏も、「私自身としてはそれぞれの基地の必要性については極めて疑わしいと思う」と同調しました。

議論になっていた「基地の本土移転論」

第5回は6月14日に開かれましたが、秘密会合のはずの前回までの議論の一部が新聞に漏れ、冒頭に保秘の徹底が確認されています。この日の議論は基地研前半のヤマ場でした。まずP氏が「本土並みは（日本が抑止力を失い）考えられない」と、これまでの基地縮小論に反論します。これに対しF氏が「沖縄の基地が大幅に減退するとしても、それは不必要な部分がなくなることで、あり得る」と再反論しました。

そこにＢ氏が別の論点を持ち出します。「その場合、日本自身の防衛問題についてのしっかりした姿勢が重要である」「私としては、日本全体の安全を沖縄だけにおしつけるのはいけない。沖縄のもっている軍事機能のうち、どうしても必要なものは、本土がもつことを決意すべきだ」

まさに今日に至る沖縄問題の核心を突いた提案でした。出席者は一瞬凍り付いたのではないでしょうか。基地縮小論から始まった基地研の議論は、抑止力をどう維持するかという視点を踏まえ、本土負担論に行き着きました。沖縄に集中する基地負担をどうするかは、日本の安全保障を誠実に考え抜けば避けて通れないテーマだったことが分かります。

ここでＬ氏が事態収拾に乗り出します。「ただ、この研究会のすすめ方としては、技術論をテーマにしないと発散するおそれがある。でないと広い範囲の問題に拡がりすぎるからだ」。続けてＤ氏がこんなことを言い出します。「本土並みということは、基地の規模や種類の問題というより、核を持ち込まないということではないかと思う」。多義的な「本土並み」という言葉を都合よく解釈しようという空気が、ここで出てきたわけです。Ｄ氏はここで「本土並み＝核抜き」論、つまり「核抜き本土並み」を同意反復語として定義しようとしたのです。

その後、M氏がこの定義を曖昧にしたまま「本土並み世論を日本の切り札として（米側を）説得することも一案だ」と言い、この日の議論をまとめました。

なお5回目の会議では米国の専門家を呼んで日米会議を開くことが提案され、これが前述の京都会議に結実します。

さて、基地縮小の議論は7月5日の第6回でも続きました。この日は、沖縄基地の海外移転についても話し合われます。すると訪沖したP氏は、「嘉手納基地だけの評価額が16億ドル（飛行機含む）。もし朝鮮（済州島）に代替基地を作るとすれば、これだけの金が必要だということになるから仲々《ママ》簡単にはいかない」と述べ、さらに、「ベトナム和平のきざしとは関係なく、沖縄基地の価値は依然重要であるという感じを受けた」と、あらためて消極姿勢を示しました。

するとJ氏は、「米の戦略とアジア政策を再考させることが必要」とし、さらに「少々ユートピアと思われるかもしれないが」と断りながら、日米が緊張緩和の線で新政策を協議すれば沖縄基地の態様も変わってくるのではと、やんわり反論しました。

これに続いてG氏は、「沖縄基地を弱める代わりに日本の安全保障能力は強化するといわねば説得力はない」と述べ、L氏は、「タイやカムラン湾[*2]を整備して、沖縄を還す《ママ》という立場で考えていくべきだ。そうでないと沖縄がますます政情不安定になる」と、沖縄の基地縮小を前提にした意見が相次ぎました。

基地移転は簡単ではないとしたP氏は、「(沖縄基地の) 具体的なことはわからない。早くその実体《ママ》を把握して、不要なものと、どうしても必要なものにハッキリと区分けしていく必要がある」と実情調査の必要性を指摘。最後にF氏が、「私はかねてから (沖縄の基地は) 整理統合できると主張してきた」と基地縮小論の流れを後押しして、この日は終わっています。

基地研はこの後、7～10回と、京都会議の準備と報告書の取りまとめなど段取りについての議論が中心でした。報告書の取りまとめ方では、日本の世論と安全保障の重要性を両輪にして米側に返還を求める方向性が打ち出されました。

10月25日の11回目では、招かれた防衛庁幹部が沖縄の戦略的価値について述べ、核貯蔵を含めて米軍が沖縄基地を自由に使用し続けることを希望しました。その後の討議ではQ氏が、「中共と、ソ連、北鮮の戦略において、かなり大規模な攻撃をアジアにしかけてくるとなると、先ず、沖縄をたたくことになろうが。もしそうであるなら、〝沖縄がやっつけられたら、それはアメリカが攻撃されたことを意味する〟というような空気をつくっておく必要がある」と、生々しい発言をしています。討論内容が非公開だったためでしょうが、この頃から基地研では、沖縄の基地問題を安全保障上の戦略的視点でみる傾向が強まっていきます。

問われた「独自の安全保障政策」

12回目は11月16日。「核抜き」を骨格とした報告書の試案が提示されます。討議の前半では、日本が中長期の安全保障政策を確立する必要性が説かれました。まずG氏が、「ニクソンは極東に対する根本政策を明確にした。その方針に対して日本は何も持っていない」と述べ、このまま本格交渉に入ると「アメリカのペースに巻き込まれる」と懸念を示します。

O氏も、英国の国際会議で各国から「日本はどういう地位でどういう責任を果たすのか」と問われた話を引きながら、「日本の国家政策が明確にならない限り、沖縄問題についても弱いことになる。（中略）日本の立場をハッキリさせる必要がある」と同調します。K氏も、「このことは官房長官にもよく話してほしい」と述べるなど、安全保障政策の確立が交渉方針策定の前提になるとの意見が優勢となります。ただ、討議の後半には、「これ迄の論議だと安全保障問題研究会になるようだが、沖縄問題に戻したい」「この研究会はそこまでやる必要があるのか。問題は沖縄がいかにして帰る《ママ》かということにつきるのではないか」との反論もあり、ややブレーキが掛かりました。

結果論からすると、政府は確たる安全保障政策を持たないまま返還交渉に臨むことになり、その後ずるずると米国の極東戦略に組み込まれていきます。つまり、基地研の懸念が当たってしまったわけです。

11月30日の13回会議は、基地研が「核抜き本土並み」の方針を固める討議が行われています。この日はM氏がリポートを提出し、次のように論を展開しました。

「英国のジブラルタル、アデン、シンガポールなどからの撤退、フランスのアルジェリア海軍基地からの撤退[*3]は、英、仏共に軍事的利益と政治的利益が論議の中心となり、結局政治的ファクターを有利にした方が効果がある——として引きあげた（中略）。外国における基地の保持は政治的要因が基本である。このことは、沖縄基地についても言える。佐藤首相がたとえ核つき自由使用を条件とする施政権返還に同意して約束を結んだとしても、それは解決にはならず、新しい緊張の開始に他ならない。したがって施政権返還時の基地の態様は〝本土並み〟ということになり、その後の基地は本土基地と同様に日米友好関係の上に立った未来展望、新しいファクターを追求しながら解決していくことでなければならない」

M氏の論は、「核付き自由使用」という米側条件をのんでも世論が反発して基地は安定運用できない。あくまで本土と同じ条件、つまり「核抜き」で「事前協議付きの安保適用」でなければ日米関係は維持し得ないということでした。

M氏はさらに「主体制《ママ》を持ち日本の防衛について自主的戦略、戦術をたててみる。そうしたスッキリしたイメージがないと国民全体の同意が出てこない。（中略）それに見合いながら米軍基地を減らし、次第に引揚げる——というものだが、米当局もそれを待っていると思う」と続けています。

その後の質疑では、「10年たったらすべての米軍がいなくなる、といったことを国民に早く提示すべきか否か」「『核付き返還』に比べれば比較的納得するのでは」といった意見が出されます。この日はQ氏も、「（核搭載の）ポラリス潜水艦寄港などの価値は残るが、沖縄の核基地の（全体的な）価値は減退している」としたリポートを提出。基地研全体で「核抜き本土並み」を交渉方針の骨格とする方向が打ち出されました。

12月9日の14回会議では、いよいよ報告書の具体的なワーディングがやりとりされました。その前段では、前回の「核抜き本土並み」の理屈を肉付けするように、「本土並みが問題なら、本土基地も問題になるということになる」「国民心理を越えてやるわけにはいかない」といった意見が交わされています。

報告書のワーディングでは事務総長のR氏が、「『基地経済によってこの地域が云々』の文句は切り捨てて貰う。次に施政権の早期返還をすべしと入れる。つぎに基地の態様と関連して基地の縮少《ママ》再編成《ママ》、自衛隊への移行をからみ合わせて入れる必要があるのではないか」と差配。Ｆ氏は、「早期返還」を強調することについて「我々が（いち早く早期返還を唱えた）ライシャワー案より遅れるのはおかしい」と、楽屋でしか聞けないようなホンネを漏らしています。

第15回は12月21日。この日は、「早期返還」「核抜き本土並み」を骨格とした報告書の字句修正が続いています。その中で、Ｌ氏がやや気になる意見を述べます。「あさってから日米協議会（＝日米安全保障協議委員会）が開かれるが、その会議で本土の基地は減るだろう。しかし、沖縄の基地は減らない。したがって（中略）「本土並み」ということになると沖縄基地は減ることになる。つまり（世間から見て）沖縄基地も統合整理するか――ということもあり得る。そこで本土並みということにも幅はもっとあるはずだ。この提案（報告書）を印刷に出すと一般に対して影響力は大きい」

この時期、米軍は本土基地の縮小計画を講じていましたが、その最中に「本土並み」と書くと、「沖縄も縮小か」と世間に誤解を招くのではないか、という注意喚起でした。しかし、これは誤解どころの話ではありませんでした。実は本土基地の縮小は沖縄基地への負担拡大につながっていくのですが、その点については第5章で詳述します。

「沖縄の声」不在に疑問も

15回目の会議の後半では最終報告書の骨格づくりを任されたO氏が、「二つの焦点をしぼって、一つは施政権返還は早ければ早いほどよい。二点目は基地の条件は〝本土並み〟、この二条件とも充足した方が日米関係にとってよいんだということを柱にするわけで、その論拠づけをしたい」と述べています。佐藤の掲げる大方針「早期返還」「核抜き本土並み」の肝の部分が形成されていく過程です。

O氏は、「72年迄に返還することが絶対条件であることを主眼にする。それは日本のナショナリズムの立場や返還メドを来年につけないと安保とからむことを説く。また基地の態様は〝本土並み〟とし核と通常兵器、核抜き有事駐留使用[*4]など幅を持たせる」と交渉方針を説明。さらに「返還後の日米関係を持続するには日米双方の利益に合致しなければならない。それを米側が認めねば反米、反基地となって現われ《ママ》るようだから、（中略）日本の主張する意見で解決すれば、日米双方にとって有利であることを強調しようという考えである」と語っています。

基地研の会議は実質18回まで続くのですが、今回明らかになった議事要録では、16、17回分が抜けています。この2回は京都会議が迫り、その準備に追われていたようです。

実質最終会合となった18回は、京都会議終了後の2月8日でした。この日は京都会議の感想をそれぞれが述べています。大方の出席者は京都会議を高く評価し、「アメリカ側の考え方が非常によく判った。大体落ちつく結論についても大体見当がついた」（N氏）、「アメリカは核が重荷になってきている」（L氏）、と収穫を口にしました。交渉方針についても「本土並みで解決するには、日本の自主防衛の内容をハッキリする必要、それが如何に政治的利益になるかを訴える必要（がある）。本土並みという主張に迫力をつけねばならぬ」（G氏）、などの意見が出ました。

注目したいのは、M氏の、「米側からも、沖縄代表をもっと関与させるべきとの指摘も（あった）」という発言です。京都会議は非公開だったので、誰がどういう文脈で語ったかは不明です。しかし、米側がこれまでの日米交渉で地元沖縄の影が薄いことに懸念を抱いていたことは確かなようです。

基地研は18回会議の直後の2月11日、来日した米上下両院議員と意見交換会を開きました。この席でもフランク・モス上院議員（民主党）が、「基地がこれだけある（地図を示して）。

沖縄は施政権を返しただけで、果たして満足するだろうか」と日本側に問い掛け、続けてハワード・ベイカー上院議員（共和党）が「返還に関する交渉は、日米両政府間で行われてよいのか」と沖縄民意の不在について疑義を呈しています。

出席していた沖縄県祖国復帰協議会会長の喜屋武真栄は、わが意を得たりとばかりに、「これまでの日本政府の態度は、これをそのまま沖縄の代弁とみなすのは正しくない」と述べました。このように交渉相手の米側からたびたび指摘された沖縄の交渉への関与は、交渉の複雑化を嫌う外務省の意向で最後までかないませんでした。

基地研はこれで1年余りの討議を終了。前項で示した報告書を公表して活動を終えています。

今回明らかになった議事要録で特筆すべきは、名だたる国際政治学者らが相次いで沖縄の基地縮小を唱えていたことです。この点はこれまで、ほとんど知られていませんでした。報告書では返還前の基地縮小を提起するよう求めています。その理由については「アメリカの極東戦略における沖縄基地の地位は（中略）万能的なものでも唯一絶対的なものでもない」「極東の緊急事態に対しては、日本本土の基地の方が、その分散配置とその背後の潜在能力によって、むしろ大きな価値を持っている」と記され、基地の本土移転にも含みを持たせています。

基地研の議論は佐藤政権の対米交渉の骨格となりますが、この基地縮小論だけは別でした。それは佐藤が最優先する「早期」返還方針と真っ向から矛盾するためでした。

一方、「本土並み」という言葉は報告書には使われず、安保条約や地位協定、事前協議制度を全面的に適用する、と表現されました。新聞各紙はこれらを丸めて『本土なみ』の形で」（朝日新聞）などと見出しをとっています。報告書や新聞がこの時点で「本土並み」の定義を突き詰めなかったことで、世間や沖縄の誤解は放置される形となりました。

なお、３回目までは基地研のメンバーだけで会議が行われましたが、４回目以降は首相秘書官の楠田実、木村俊夫官房副長官、山野《やまの》幸吉《こうきち》総理府特連局長、東郷北米局長、千葉北米課長ら政府関係者がオブザーバーとして参加しており、討議内容は佐藤や愛知ら政府首脳の耳に逐一入っていました。

2・4　米政権交代で沖縄問題はなぜ円滑に継承されたのか

ここまで、佐藤が若泉や大濱ら民間人の力を借りて「合意時期の合意」を勝ち取り、「核抜き本土並み」の交渉方針を固めた経緯を見てきました。ではこの間、外務省は何をしていたのでしょうか。

佐藤のシナリオ見抜いた米大使

68年11月に第2次佐藤第2次改造内閣が発足し、外務大臣が三木武夫から愛知揆一に代わります。佐藤にとって三木は首相の座を争うライバルで、沖縄問題に関しても十分な意思疎通ができていませんでした。佐藤は外務省との関係を立て直す狙いもあって、腹心の愛知を外相に据えました。

愛知は就任早々の12月8日、箱根で外務省幹部を集めた勉強会を開催します。この時点で東郷文彦北米局長ら外務省幹部は、当初抱いていた「ベトナム戦争が続く限り沖縄返還は無理」というスタンスから、「できるだけのことはやってみよう」という構えに変わっていました。ただ、それはあくまで米側の意向を尊重するという受け身のものでした。

米側が「基地の自由使用」を重視し、「核」の撤去も難しそうだとみた外務省は一計を案じます。12月24日付条約課作成の外務省文書には、米側と沖縄だけに適用する「暫定的な特別取り決め」を結ぶ構想が綴られています。米軍が重要な軍隊の配置や装備を動かしたり戦闘作戦行動のために発進したりする際に、日本政府とその適否を相談する「事前協議」制度が日米間にあることは既に述べました。「特別取り決め」は、それを沖縄だけ一定期間適用しない約束を米側と交わすというものです。

これがあれば米軍は返還前と同様に沖縄からベトナムなどへ自由に爆撃機が飛ばせ、核の貯蔵もできる。「暫定」としたのは、ベトナム戦争終結後の段階的解消を想定し世論を納得させるためでした。東郷が北米局長就任当初に抱いていた腹案です。

明けて69年1月10日、愛知はこの「特別取り決め」案を、ジョンソン駐日大使に正式に提示しています。愛知は、「本土並み」以外の条件は日本の世論に受け入れられないが、もし米側がすぐにそれが無理だというのであれば、こうした段階を踏んでもよいと伝えました。

ジョンソンは「慎重に考慮する」と冷静に答えましたが、内心は違っていました。回顧録の中で「日本に赴任して以来初めての重要な進展（significant breakthrough）」で「非常に勇気づけられた」と綴っています。最大の目標である「基地の自由使用」で日本側がはっきり譲歩の姿勢をみせたからです。結論から言えば、この「特別取り決め」案は佐藤が慎重姿勢を示し、ご破算となります。「特別取り決め」を結ぶとなると国会承認[*1]が必要となり、紛糾は必至だったからです。

しかし、ジョンソンにはこの日もう一つ収穫がありました。

この会談で愛知は、「佐藤政権にとっては早期に返還協定を結ぶことこそが何よりも大事だ」とのホンネを漏らしています[☆1]。愛知にすれば「特別取り決め」を提案した背景説明のつもりだったのでしょうが、ジョンソンは、「佐藤と愛知は来年中に総選挙を実施しようとしていたので、(合意)期日だけを先に決めたがっていた」と政権の意図を見抜いていました。

佐藤のシナリオは「69年11月の日米首脳会談で返還合意――→12月解散・総選挙――→70年安保継続――→自民党総裁4選」というものでした。ジョンソンは、「総選挙は70年」とみていたようですが、佐藤は「返還合意」の余勢を駆って、すぐに解散し自民大勝に結び付ける戦略でした。結果は佐藤の思惑通りになります。一方で佐藤のシナリオを知った米側は、これを逆手に交渉の最終段階で圧力を強めていきます。

日本への関心薄かったキッシンジャー

ジョンソンは愛知との会談から4日後の1月14日、国務次官に指名され急遽帰国します。20日には、前年末の大統領選挙で勝ったリチャード・ニクソンが新大統領に就任。沖縄問題に関わる閣僚も大きく代わりました。国務長官はラスクからウィリアム・ロジャーズ、国防長官はマクナマラからメルビン・レアード、大統領補佐官はロストウからヘンリー・キッシンジャーに交代しました。

政権交代は、それまでの政策の大転換につながることがしばしばあります。沖縄問題は大統領選挙での大きな争点ではなく、ニクソンも前政権の方針に異議を唱えたわけではありませんでしたが、佐藤や外務省にとっては不安がありました。しかし、それは杞憂でした。

実務を担う官僚は担務替えが主でした。国務省日本部長だったスナイダーは駐日大使館ナンバー2の公使へ、国防次官補代理だったハルペリンはキッシンジャー率いる国家安全保障会議（NSC）[*2]のメンバーとなります。国務省日本部長は、駐日大使館勤務の経験が長いリチャード・フィン。沖縄問題で、前政権との継続性を意識したことは明らかでした。特に大使時代に佐藤の性格や交渉戦略を知悉し、外務官僚ともパイプのあるジョンソンを国務次官という交渉の最前線に据えたのは、前政権時代の方針を踏襲することを官僚機構内に周知させる象徴的人事でした。

ハルペリンはキッシンジャーがハーバード大学教授時代の同僚でしたが、同窓のよしみで枢要ポストに置いたわけではなく、前政権時代の軍部への説得工作などを評価したためでした。なお、ジョンソン大使の後任は人選が難航し、前イラン大使のアーミン・マイヤーが任命されたのは3か月後の69年4月末（着任は7月）でした。

こうしてニクソン政権は返還交渉に臨む態勢を固めますが、佐藤政権にとって幸いだったのは、ニクソン自身が日本や沖縄の実情を熟知していたことです。あまり知られていませんが、ニクソンは大統領になる前の副大統領時代、上院議員時代に6回も訪日しており、沖縄にも行っています。退任後の回顧録[*3]では「沖縄は不断の摩擦源だった」と記し、早くから日米間の火種として危機感を抱いていたことを明かしています。日本政界では佐藤の兄である岸信介と親しく、60年大統領選でケネディに敗れ不遇だった時代に、岸が日本の財界人を紹介するなど支援していました。こうした背景もあって、選挙期間中の68年に出版した『Nixon on the issues』では、「もし日本がアジアで指導的役割を果たすなら、沖縄は返還すべきだと私は考える」と主張していました。

ニクソンとは対照的に、キッシンジャーは日本にまったく無知でした。というより関心がなかったと言った方が適切かもしれません。彼は中国、特に周恩来《しゅうおんらい》には惹かれていましたが、日本人は単調で、面白味に欠けると思っていたようです。「日本大使に昼食に招待されると、決まってウィンナ・シュニッツェル（ウィーン風カツレツ）が出てくる」と、馬鹿にしたような言葉を漏らしたこともありました。

大統領が前向きで、実質のナンバー2は関心がない。このトップ2の組み合わせは、ジョンソンやハルペリンら、返還交渉の実務を担うスタッフにとっては好都合でした。

キッシンジャーは自身の関心あるテーマについては他の干渉を許さず、それ以外は部下に丸投げする傾向がありました。国務次官となったジョンソンは回顧録で、「私の関心事の一つ（沖縄）がヘンリーの大きな死角であったことは幸せだった」と記しています。こうして、ジョンソン政権時代に積み上げた日米交渉の人脈と知見は無事継続されることになったのです。国務次官となったジョンソンやＮＳＣ入りしたハルペリンはしばらくの間、キッシンジャーの直接的な干渉を受けずに対日交渉に向けた政策立案を続けることになります。

佐藤シナリオを容認した国務省

ニクソンへの政権交代で交渉の実務者は大方政権内にとどまりましたが、67年の首脳会談でキーマンとなった一人の人物がホワイトハウスを去りました。密使・若泉と「両三年内に返還合意時期の合意」をまとめた大統領特別補佐官のロストウです。ロストウは退任半年後の69年6月、夫人や子供2人を連れた世界旅行で日本に立ち寄ります。米政府高官として公式訪問した65年春とは違い、日本政府、民間の出迎えや道案内などはありません。その時、世話をしたのは若泉です。首脳会談での協力に対する返礼の意でした。

京都見物から帰京する新幹線の中で、ロストウは若泉に切り出します。「自分はいまでもヘンリーとときどき連絡をとっているが、ホワイトハウスにおける彼の影響力が急速に高まっている。佐藤首相は彼を通じて日米首脳の間に直接のコンフィデンシャル・チャネルをもつことをそろそろ考えた方がよいのじゃないか[☆2]」

それは「あなたの新たなパートナーはキッシンジャーだ」という示唆でした。若泉はロストウを羽田空港で見送った6月21日、その足で首相官邸を訪れ、佐藤にロストウの話を伝えています。佐藤は「キッシンジャーというのは、そんなに力があるのかね」と懐疑的でしたが、外務省の消極姿勢に不信感を持っていたためでしょう、数日後に外相の愛知を通じてキッシンジャーとの接触を若泉に依頼しました。この後の展開は第3章で詳述します。

さて、新しく発足したニクソン政権では政策決定の仕方ががらりと変わりました。ジョンソン大統領は各省庁から政策提案や意見を上げさせるボトムアップ型でしたが、ニクソン政権は逆にホワイトハウスが司令塔となり、各省庁に意見を求めず政策の選択肢だけを提示させるトップダウン型でした。その中枢は、キッシンジャー率いるＮＳＣです。

日本への関心が薄かったキッシンジャーですが、機を見るに敏な人ですから、沖縄問題が焦眉の急であることを徐々に理解していきます。ニクソンが大統領に就任した翌日の1月21日にはＮＳＣを開き、沖縄返還と米軍基地、安保条約を含む対日政策の選択肢を3月までに提出するよう求める覚書ＮＳＳＭ5号[*4]を出します。ニクソン－キッシンジャー体制のもとで、沖縄返還に関する政策が動き出したわけです。

ニクソン政権の政策決定システムは、ＮＳＣが検討すべきテーマの論点研究を各省庁に命じ、省庁の官僚たちは期限までに政策の選択肢を報告するスタイルでした。これによって、ジョンソン政権時代にあった省庁間の論争や対立は避けられるようになりました。1月のＮＳＳＭ5号によって、沖縄の早期返還は事実上既定路線となり、それを前提とした政策の選択肢提示が官僚たちの仕事になったのです。

指示を受けたのは、国務、国防、財務の3省と、中央情報局（ＣＩＡ）、統合参謀本部でした。このうち対日交渉の軸となるのは、やはり国務省です。国務省が何を考え、どのような政策方針を掲げたかについては後年、米ブルッキングス研究所の研究員が沖縄返還に関する政策決定過程を詳細に分析した「プリシラ・クラップ論文[*5]」で明らかにされています。そこで注目すべきは、国務省が返還問題と佐藤の政治的立場を強く結び付けている点です。論文には、国務省の見方として以下の記述があります。

「自民党内の佐藤首相グループは最も親米的であり、長期にわたり米日関係の維持に最も強くコミットしている。佐藤は沖縄返還に彼の評価を賭けている。もし彼が総理大臣として任期中にこの目的を達成できなければ、彼は後継者を決め得る立場ではなくなるだろう」

「早期返還に向けての進展を妨げるようなことをすれば（中略）日本および沖縄の米軍基地に対して既に存在している公然たる敵がい心の火に油を注ぐだけだろう。そして米国は基地すべてを撤去せざるを得ない日を早めるだろう」

つまり、国務省は基地の維持を念頭に「69年11月の首脳会談での返還合意―→12月解散・総選挙」という佐藤の希望する政治的スケジュールを容認し、その中で米国の国益を最大化させる戦略を考えていたわけです。

一方、軍部も早期返還を受け入れ、核の撤去についても「行政運営上の不便益を引き起こす」と難色を示しつつも強くは反対しませんでした。ジョンソン政権時代のハルペリンらの度重なる説得で、軍幹部が「沖縄基地を失うよりはマシ」と考えるようになったためです。軍部がこだわったのは緊急時に核を沖縄に再び持ち込む権利と、返還前と同様に沖縄基地を制限なく使える権利でした。軍部が執着した「核の再持ち込み」と「基地の自由使用」の2点はその後、大詰めを迎えた対日交渉の最大の焦点となっていきます。

外務省内の不協和音

外務省ではその頃、早期返還には米側の要求をのむしかないと考える幹部と、「核抜き本土並み」は可能とする若手の静かな対立がさらに先鋭化していました。

前にも触れましたが、米追従派の代表格は駐米大使の下田です。下田は一時帰国した69年1月6日、首相官邸で佐藤と会談し、米政権の態度が固いことを強調した上で対米交渉の「下田試案」を示しました。それは、①返還後も戦術核の貯蔵や核積載ポラリス潜水艦の寄港など米側に広範な基地の自由使用の権利を容認して、3～5年内の返還を実現する、②米軍が既に駐留している極東地域への米軍出撃は日本側が便宜を図る（事前協議の対象としない）――などの「特別取り決め」を米側と結ぶという趣旨でした。

下田は佐藤との会談直後、外務省で記者会見し『現状維持』と『本土並み』の中間の妥当な線で解決する以外にない」と述べています。新聞各紙は「佐藤首相が、基地の態様で『白紙』の態度をとり続けているのに反して、出先大使が堂々と意見を発表しているのは、奇怪というほかない」（朝日新聞）などと一斉に非難しました。

この時点では北米局長の東郷も同様で、沖縄を安保条約の適用外とする「特別取り決め」を結ぶ以外にないと考えていました。東郷は回顧録『日米外交三十年』でも、「沖縄が『核付き』ならば返還されないほうがいい、と云うのでは沖縄の人たちから見れば本土の方は余りに身勝手ではないか。私は復帰第一で対処しなければならないと考えた」と記しています。

一方、千葉や枝村、それに千葉と同期入省で条約局にいた中島敏次郎といった若手官僚らは、こうした幹部らと一線を画していました。中島は当時を振り返って、「我々は（特別取り決めは結ばず）共同声明で全て片付けるつもりでやっていた」「下田さんは少し戦線を広げすぎていて、大丈夫かなと心配していました」と述懐しています。[☆3]

枝村は67年11月の首脳会談で、幹部が消極的だった「合意時期の合意」を佐藤が勝ち取った際の逸話で下田を皮肉っています。会談が成功裏に終わった後に大使公邸で開かれた夕食会で、下田は感涙にむせびながら挨拶しました。それを見ていた千葉は「俺は泣かなかったけどね」と枝村に連絡してきたそうです。枝村は、「千葉さんの言葉に込められている、下田大使に対する複雑な思いには私も同感で、大いに共鳴した」と綴っています。

この幹部と若手の対立は、〝情報力〟に起因するところも大きかったようです。公式見解しか言わない長官や大使などと接触する下田や東郷に比べ、千葉や枝村といった若手官僚は、ハルペリンやザヘーレンなど次官補、参事官など中堅幹部を含めた幅広い層から情報を収集していました。若い官僚同士は、将来長く付き合うための〝投資〟をします。ある程度のヒントや示唆を与え合って、お互いの出世に結び付けるというのは国際交渉の舞台裏でもあることです。しかし、国を代表する立場になるとお互いそうもいきません。もっとも「下田は米政府内に信頼できる情報源をあまり持たなかった」（福井治弘カリフォルニア大学サンタバーバラ校名誉教授）と、個人の力量に帰する指摘もあります。

いずれにせよ、ＮＳＣのもとで政策決定システムを統制していた米側との彼我の違いは明らかでした。

外務省と沖縄・琉球政府[*6]との関係も微妙でした。

駐日米大使館からの４月24日付の国務省宛公電には当時の外務省のホンネをうかがわせる、こんなくだりがありました。「日本政府が政府間交渉に琉球政府を参加させたがらないので、大使館は米高等弁務官と琉球政府をジュニア・パートナーとして関与させたい」

先にも触れましたが、外務省は基地縮小や核撤去を求める沖縄の民意を直接交渉の場に持ち込んで協議が混乱することを恐れていました。それは何よりも、「早期の返還」を求める佐藤も同じでした。これに対し、駐日米大使館は沖縄民意を代弁する琉球政府の意向を反映させることは不可欠と考えていたようです。米側にとっても沖縄民意は交渉を複雑にさせる懸念はありましたが、一時は返還交渉の相手として琉球政府を加えることを検討していたのです。そもそも米国にとって返還問題は、沖縄や本土の反米気運を緩和させ、基地運営を安定させることが目的です。地元民意を排除しようとする外務省の姿勢に、米大使館が疑問を持ったのは当然のことでした。

第3章 合意の舞台裏

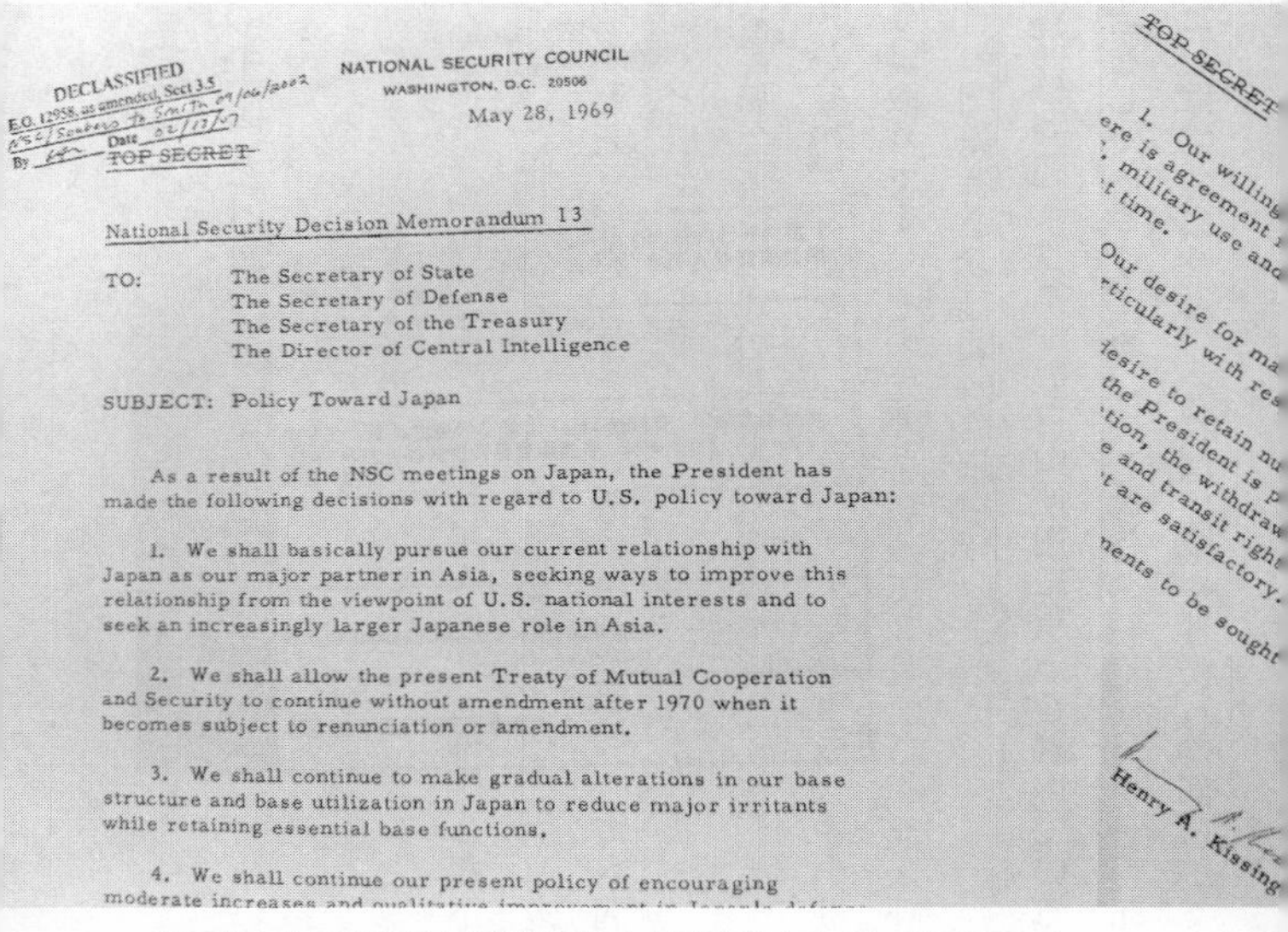
DECLASSIFIED
E.O. 12958, as amended, Sect 3.5
By Date
TOP SECRET

NATIONAL SECURITY COUNCIL
WASHINGTON, D.C. 20506

May 28, 1969

National Security Decision Memorandum 13

TO: The Secretary of State
The Secretary of Defense
The Secretary of the Treasury
The Director of Central Intelligence

SUBJECT: Policy Toward Japan

As a result of the NSC meetings on Japan, the President has made the following decisions with regard to U.S. policy toward Japan:

1. We shall basically pursue our current relationship with Japan as our major partner in Asia, seeking ways to improve this relationship from the viewpoint of U.S. national interests and to seek an increasingly larger Japanese role in Asia.

2. We shall allow the present Treaty of Mutual Cooperation and Security to continue without amendment after 1970 when it becomes subject to renunciation or amendment.

3. We shall continue to make gradual alterations in our base structure and base utilization in Japan to reduce major irritants while retaining essential base functions.

4. We shall continue our present policy of encouraging moderate increases and qualitative improvement in Japan's defense

TOP SECRET

Henry A. Kissing

米国家安全保障委員会が沖縄返還の対日方針を定めたNSDM13号

3・1　日本を翻弄した米側の手口とは

キッシンジャーの危機感

1969年に入って、佐藤はいよいよハラを固めます。1月早々、一時帰国した下田に「核付きは考えられん」と語ったことは先に記しました。2月には東郷北米局長に、「返還の方式は事前協議を含めて何とか本土並みと云う形をとりたい、その枠内でどうしても問題が残ると云う場合には重大な決心をする」[☆1]と伝えています。

69年春からは、いよいよ11月の日米首脳会談に向けた大詰めの交渉が始まりました。

当時の首脳会談は、まず課長クラスが最初の折衝を行い、局長、大臣とクラスを上げて最後に首脳同士が会って合意するという段取りです。その先陣を切って3月21日、北米課長の千葉一夫が訪米して、国務、国防両省の関係者と5日間の協議を行いました。

帰国した千葉は4月1日に、「米側は核問題より基地の自由使用に重点を置いているのではないか」と、まさに正鵠《せいこく》を射る報告をしています。[☆2]ただ、その後の経過を見ると、千葉の慧眼が日本側の交渉に十分生かされたとは言えません。それは佐藤や外務省幹部らが、世論は核の撤去を最も重視していると考えていたからでしょう。後述するように、米側はこの日本の核アレルギーを逆手に取る作戦に出ます。

千葉と入れ替わるように、ある大物政治家がニクソンと会談するため渡米しました。佐藤の兄、岸信介です。アイゼンハワー元大統領が３月末に死去し、特使としてその葬儀に参列する名目でした。第２章で触れましたが、岸とニクソンは昵懇《じっこん》の間柄でした。

会談は米東部時間４月１日、ホワイトハウスで行われました。岸は沖縄が早期に返還されなければ不測の事態が起きかねないと強調する一方、日本として基地の役割は十分に認識していること、核について日本人が特殊な感情を抱いていることを指摘しました。ニクソンはただ聞き役に徹していました。

一方、日本に関心の薄かったキッシンジャーはこの頃、１月に発出したＮＳＳＭ５号の報告書作成過程を通じて、沖縄問題が日米間の重要課題であることを自覚していきます。ＮＳＳＭ５号は、国務、国防などの官僚たちに、沖縄返還や、それに伴う基地問題などの政策選択肢を提出させるものでしたが、その過程で、この問題こそが政権内での自身の浮沈に関わると判断したのでしょう。沖縄問題を自在に政策立案できると思っていた国務次官ジョンソンらの「幸せ」な時間は短く、キッシンジャーは米政権内で返還交渉の主導権を徐々に握り始めます。

この頃のことをキッシンジャーは回顧録『キッシンジャー秘録』（小学館）でこう記しています。

「沖縄基地が日本の主権下に移されると、使用上の融通性が多少減じるので、軍事的にマイナスになるとしても、現状の維持をはかろうとする場合の方が、軍事的、政治的危険はもっと大きい。実際の話、わが国がこの問題を調整する交渉を拒否すれば、いっさいの基地を失う結果になりかねなかった」

「軍は沖縄基地縮小を承諾した」

回顧録には、米軍部の動向についても興味深い記述があります。「統合参謀本部は、すでに沖縄基地の数的縮小を承諾していた。彼らは、アジア全域の戦闘作戦行動のために基地を無制限に使用する件について、日本政府の同意が得られない場合には、韓国、台湾、ベトナムの防衛だけに限って使用する権利を確保することで話をつけ、これを補強するために、日本にアジアの共同防衛に対する支持を求めることに同意した」

後段にある米軍の出撃の際の日本政府との事前協議を沖縄に適用するかどうかは交渉最終

盤の最大焦点となるのですが、その前段にある軍の最高意思決定機関が、「沖縄基地の数的縮小を承諾していた」との記述はどう理解すればよいのでしょうか。

前後には、それを補足するような説明はありません。基地縮小は前述したように、核の撤去以上に沖縄の人々が求めた民意でした。佐藤の諮問機関・沖縄問題等懇談会の下部組織・基地問題研究会の報告書でも、「返還前の基地の整理・統合」が提言されましたが、69年までの返還交渉の過程では、日本政府はこれを議題として持ち出していません。しかし、キッシンジャーの記述が正しいとすると、ニクソン政権が発足した69年前半の時点で、軍部自体が一定の覚悟をしていたのではないでしょうか。

それは、この頃の沖縄事情や米国内世論を考えれば、ある意味で自然なことかもしれません。

第2章でも触れましたが、2年前の67年前半には、太平洋軍司令部のシャープ提督や陸軍出身のアンガー高等弁務官が、沖縄基地への過大評価の修正を求める公電を本国に送っていました。反基地の民意が強い沖縄で基地を維持するより、グアムやテニアンに移す方がコストもかからず安定的な基地運営ができるとの意見でした。

加えて60年代後半は、ベトナム戦費の増加に伴う国際収支の悪化で、米議会が軍事費削減を声高に叫んでいる時期でした。軍部が返還に伴い沖縄基地の縮小はやむを得ないと考えた背景には、こうした輻輳《ふくそう》した事情があったとみられます。

しかし、この「軍部の覚悟」は交渉で表面化することはありませんでした。それは日本側が「核撤去」は求めても「基地縮小」を要求することはなかったからです。いくら軍が覚悟していても、求められないのに自発的に基地を縮小すると言うはずがありません。それどころか米側は、表向き「沖縄基地の存続は当然」との姿勢を貫きます。

佐藤や外務省は、どうして基地縮小を交渉議題に据えなかったのか。それは前述したように「早期」の返還を難しくすると考えたからでしょう。しかし、「基地縮小」が議題から消えた理由は日程的な事情だけではありません。それは外務省自身が、沖縄からの米軍の大幅撤退に強い懸念を持っていたからです。その事情については第5章で詳述します。

読み取れなかったメッセージ

さて、キッシンジャーがＮＳＳＭ5号で命じた沖縄問題に関わる国務、国防などの報告書は3月にまとめられ、これをもとにした覚書ＮＳＤＭ13号[*1]が、5月28日のＮＳＣで決定されます。沖縄返還交渉の対日戦略を定めた最重要の機密指定文書です（章扉の写真を参照）。国務省のフィン日本部長らが作成したわずか2ページの文書が、返還の命運を決することになります。ちなみに、フィンは日本国憲法の草案作成にも携わった日本通。日本人の「核」に対する特別な感情をよく知っていました。

この文書については多くの研究者がさまざまな論文を発表していますので、ここでは概略だけ記します。その骨子は、まず日本に関して、①安保条約は70年以降も現行のまま存続、②米軍基地は必要不可欠な機能を確保しつつ摩擦を緩和するため構成や利用について段階的な変更を行う、としました。沖縄に関しては、①米軍の基地使用に必要不可欠な点に関し69年中に合意ができた場合、72年の返還に同意する、②朝鮮半島、台湾、ベトナム向けの軍事基地の自由な使用を要求する、③核兵器の存続を望むが、他の分野で満足できる合意に達すれば、緊急時の持ち込みを条件に交渉の最終段階で大統領が核撤去を考慮する、というものでした。

核撤去の方針は事実上、ここで確定したわけですが、交渉の最終段階まで秘匿するというこの決定は、佐藤や外務省を最後まで翻弄し、土壇場でのさまざまな譲歩につながっていきます。

この重大決定があった1か月前の4月28日、外務省の東郷北米局長が訪米し、キッシンジャー、ジョンソン、スナイダー、ハルペリンらと相次いで会談しています。東郷は佐藤が固めた「核抜き本土並み」返還を正式に要請しますが、核撤去や沖縄への事前協議の適用について米側は「頗《すこぶ》る固い態度であった」と自著[*2]で述懐しています。東郷は焦っていたのでしょう。最後の訪問先になったハルペリンに対し、核撤去の確証を得られなければ佐藤の訪米中止につながりかねないことを訴えます。ハルペリンは悩んだ末にこう言いました。

「核兵器が残されたままの沖縄返還を、日本が受け入れられないことは理解している。また、首相がワシントンに来て、早期返還の約束なしに帰れないことも十分わかっている。それらを全て踏まえた上で、私は佐藤首相の訪米を中止しないよう強く求めたい」[☆3]

　それでも東郷は釈然としない様子でした。ハルペリンは後日、若泉に「この明確なメッセージの意味するところをどうして聡明な東郷氏は理解できなかったのだろうか」と感想を漏らしています。[☆4]

　東郷は北米局長就任時に作成した省内回覧メモ「日米間の諸問題について」の中で、「『本土並み』一本鎗で解決しうるものにあらず、事前協議に関し（中略）慎重決意の上、『継続的検討』の実質に着手すべき」と記述しています。つまり、沖縄に安保条約を適用して本土と同様に事前協議を課すという方式では、米側は納得しないという考えでした。東郷の指摘はもっともなものでしたが、こうした先入観が強かったことも、ハルペリンの示唆を汲み取れなかった背景にはあるようです。

「事前協議の弾力的運用」

帰国した東郷は、5月に入って外相の愛知と交渉方針の詰めの協議を重ねます。焦点は沖縄基地の自由使用。特に米側が求める韓国、台湾、ベトナム向けの出撃の扱いについてでした。

「本土並み」の原則を守りながら事前協議について一定の「抜け道」を探る――。愛知が東郷と協議する中で、考え出したのが「共同声明＋一方的声明」案というアクロバティックなやり方でした。ふつう二国間交渉の合意は共同声明の内容に尽きますが、そこで不十分な部分を、佐藤が何らかの形で一方的に表明して補うというものです。

共同声明で合意された内容は、国際法上、あるいは国際信義則の面からも強い拘束力を持ちます。しかし、首脳の一方的な声明や演説は法的な拘束力は低い。愛知らは、共同声明の中では法的に許容できるぎりぎりの表現で基地の自由使用に含みを持たせ、佐藤が別途行う演説で、米側の要求する朝鮮半島などへの出撃に理解を示すことを考えたのです。日本側の

「本土並み」方針と、米側の「基地の自由使用」要求を併せのむための苦肉の策でした。
愛知はこの案を携えて6月初めに訪米します。愛知はロジャーズ国務長官との会談で、まず安保条約の自動延長[*3]を提案。11月の佐藤訪米時に沖縄の核抜き返還に合意することを希望すると述べました。ロジャーズは72年中の返還や安保条約の適用については理解を示しましたが、基地の自由使用について朝鮮半島だけでなく、台湾、ベトナムを含む幅広い地域を念頭に置いていることを強調。共同声明とは別の非公式文書で、日本側が容認姿勢を明らかにするよう求めてきました。愛知は明確な答えをしませんでしたが、先のアイデアを念頭に事前協議を「弾力的運用」する考えであることを伝えました。米側は「興味ある提案」と応じています。

これは重要なことでした。この時点で日本側の「弾力的運用」の念頭にあったのは朝鮮半島でした。実は本土の米軍基地から朝鮮半島への出撃は、１９６０年1月6日に当時の藤山《ふじやま》愛一郎《あいいちろう》外相とダグラス・マッカーサー2世駐日大使がサインした「朝鮮議事録」によってひそかに容認されていました。それは朝鮮半島で武力衝突が起きた際、在日米軍が事前協議なしで本土基地から出撃できるとした内容の密約です。朝鮮戦争の休戦協定からまだ7年の時期で、60年安保改定の際に米側の強い求めに応じたものでした。この密約は２０１０年、民主党政権下での外務省密約文書調査で存在が明らかになっています。

愛知ら外務省幹部が「弾力的運用」を表明した背景には、この密約がありました。つまり密約とはいえ、本土基地で既に容認している朝鮮半島への出撃は沖縄基地でも同様の扱いにして構わないだろうということです。しかし密約の内容が密約のままでいるのと、正式ルートで内容を公然化させるのとでは雲泥の差があります。しかも、密約で出撃を容認したのは、あくまで朝鮮戦争を戦っていた「国連軍としての米軍」でした。今回の対象は、米軍そのものです。

一方、愛知の関心はもっぱら核問題にありました。しかし、ロジャーズをはじめ米側は核についてはまったく言質を与えませんでした。同行していた下田大使は、「愛知外相の失望は大きく、核抜きの要望が達成されるまでは、好きな煙草を断つと宣言された[☆5]」と綴っています。

愛知とロジャーズは会談最終日、11月の首脳会談に向けて、さまざまな論点についての詰めの交渉を行う日米合同作業グループの設置を決めました。東京で行う交渉は愛知と新任大使のマイヤーが担い、駐日公使に転出したスナイダーがマイヤーを補佐することになりました。

実は、愛知がワシントンに到着した直後の6月3日、米側が冷や汗をかくハプニングがありました。ニューヨーク・タイムズ紙が一面の特ダネで、「大統領、沖縄から核撤去」と報じたのです。ヘドリック・スミス記者の記事は、「ニクソン大統領は沖縄返還に関する論点が包括的に合意される場合、沖縄から核兵器を撤去することを決めた」との内容で、5月28日のＮＳＤＭ13号の趣旨そのものでした。

ロナルド・ジーグラー報道官が直ちに否定したこともあって、愛知ら外務省の訪米団はこの記事にまったく関心を寄せませんでした。日本国内でも外務省筋は、「返還交渉が始まったばかりの時点で、米大統領が最終的にそのような決定をすることは考えられない」と記者に答えています。しかし、米側は慌てたようです。キッシンジャーは後に「この暴露の結果、交渉戦術による妥協が危うくされ、米政府の利益が損なわれ、日本との交渉でもっと有利な成果を得られたかもしれない機会が封じられたことは明らかである」（73年11月26日付ワシントン連邦地裁への宣誓供述書）と述懐しています。

ひそかに始まった安保政策の大転換

帰国した愛知は6月12日の衆院本会議で、「日本の安全のためには沖縄の基地の機能を損なわないための十分な配慮が必要だという点で米側と一致した」と述べました。16日に都内のホテルで開かれた講演会では、「米軍が出撃を必要として事前協議を求めてきたとき、どこまでを『イエス』といい、どこから先を『ノー』というかの考え方をつめていかなければならない」と、「事前協議の弾力的運用」について世論の反応をうかがう観測気球を上げています。

千葉はこの直後の6月20日、訪沖して屋良に愛知訪米の経過報告をしていますが、屋良は安保条約など法的な問題ではなく、基地負担の縮小という実態面での〝本土並み〟を求め、政府交渉が沖縄民意とずれていることを指摘しました。[☆6] ただ、屋良の当時の日誌には「（愛知訪米で）沖縄問題は解決の方向に大きく動いた」との記述もあり、屋良も内心では「早期返還」を優先していたことがうかがえます。

7月10日、愛知は新駐日大使マイヤーと東京・築地の料亭「吉兆」で会談し、共同声明づくりに向けた本格交渉がスタートしました。マイヤーは共同声明に朝鮮議事録と同じ効果を盛り込むことを望み、秘密合意についても打診しますが、愛知は秘密合意を拒否します。日本側の最大関心事である核撤去について、マイヤーは沖縄での核貯蔵の有効性を指摘するばかりで愛知を失望させました。

愛知は６月の訪米の際、マイヤーの大使就任宣誓式にもわざわざ出席し、「私の外交官経歴の中でも最も大切な友情の始まり」と新任大使を感激させていますが、国を背負った仕事は別でした。マイヤーは後年の回顧録[*4]で「大使はどうしても強硬な態度を示さなければならない」と弁解気味に綴っています。

その１週間後に外務省は秘密合意を拒否し、代わりに佐藤が一方的声明を出すことで、朝鮮議事録の内容を継続したい旨を米大使館側に伝えました。しかし、17日に愛知と会談したマイヤーは、「口約束よりもっと確実で恒久的なものを」として再度秘密合意を求めました。

愛知とマイヤーの会談はほぼ毎週行われ、その間、外務省と大使館の事務同士で細部を詰める作業が続きます。その作業の中で米側は朝鮮半島に加え、台湾、ベトナムへの自由出撃を求める姿勢を鮮明にしていきます。

これは日本に安全保障政策の大転換を迫るものでした。

ご存知の通り、日本は平和憲法の下で専守防衛をうたっています。１９５０年の朝鮮戦争勃発を契機に、朝鮮半島での有事は日本の安全と密接に関わるとの考えから安保条約は、「日本国の安全又は極東における国際の平和及び安全に対する脅威」が対象となりました。この「極東」の定義は当時曖昧でしたが、朝鮮戦争を意識したものですから朝鮮半島を念頭に置いていたことは間違いありません。ただ、その朝鮮半島への出撃を事前協議の対象としないとした朝鮮議事録を秘密文書とするほど、日本政府は米軍との関わりを避け、「専守防衛」を貫く構えをみせていました。しかし、米側は沖縄返還に際して朝鮮半島だけでなく、台湾、ベトナムを含めた沖縄基地からの自由出撃を公然と求めてきたのです。

　前述したプリシラ・クラップ論文は「日本が自国の国境を越えてどの範囲まで防衛関心地域として公然とコミットするかが米側の求めた沖縄返還の代償だった」と指摘しています。結論を先取りするとそれは、「朝鮮議事録」という密約を触媒にあっさり達成されます。米軍基地使用の大幅拡大を「阻止するための手段」だった事前協議は「承認するための手続き」に変わり、米側は沖縄返還を逆手にアジアでの日米共同防衛に向けて大きな風穴を開けたわけです。

「日本が軍隊を出すわけではないからいいじゃないか」という意見があるかもしれません。しかし日本政府が、国内にある米軍基地からそうした地域への出撃を許すとなると、当該地域の日本に向ける視線は変わってきます。たとえそれが米軍であっても、日本が出撃を認めていることは、相手国にとって疑似敵国と映る。少なくとも沖縄の米軍基地は攻撃対象になります。

返還交渉の大詰めで米国が提起した沖縄基地の自由使用は、単に返還後の基地の条件をめぐる話ではなく、専守防衛という戦後日本の基本精神を大きく揺さぶる重大な問題をはらんでいました。そしてそれは、今日の台湾有事を含め、米国が日本をアジアの安全保障に積極関与させるための橋頭堡ともなったのです。

愛知は7月26日のマイヤーとの会談で、「極東の範囲にベトナムは入らない」として米側の主張を拒否します。ベトナムまで認めれば、日米安保の枠を逸脱すると考えたからです。一方、米側の要求を知った佐藤はこの時点で、「朝鮮半島と台湾は仕方がないか」と周囲に漏らしています。[☆7]ただ、それを共同声明で明確にすることにはためらっていました。佐藤や外務省の頭の中には、とにかく「早期の合意」と「核の撤去」が最優先項目としてありました。キッシンジャーらがＮＳＤＭ13号で示した、「核をおとりにして交渉を有利に進める」という戦術がまんまと奏功したわけです。

7月30日、米国からロジャーズ国務長官が来日して、日米外相会談第2ラウンドが始まりました。2日目にロジャーズは佐藤と会談します。佐藤は「韓国、台湾の存立が脅かされる場合、日本が極めて大きな影響を受けることは当然だ」と述べ、事実上、この2地域についての沖縄基地の自由使用を容認しました。ただ、台湾については共同声明に書かずに信頼してほしい旨を告げています。一方で「核は撤去してもらいたい」と主張し、米側の要求をのむ代わりに核抜きを求めています。米側のシナリオ通りの展開でした。

当時、国務省日本部長だったフィンは、１９９６年の琉球朝日放送のインタビューでこう語っています。

「我々が最も重視したのは返還後の基地の自由使用。それ以外の何ものでもない。しかし日本が重視したのは『核』というカード。かれらはカードを読み違えたのだ。そして我々はかれらの戦後の核アレルギーを煽った。ある意味、興味深いゲームだった」

このように日本は返還交渉の中で戦後の安全保障政策の大転換に直面するのですが、当時の公文書をみると法律的観点の議論ばかりで、政策論として組織的検討を経た形跡はうかがえません。日本は米側の描いたシナリオの中で、国家としての自覚を欠いたまま、なし崩し的に「一線」を踏み越えていくことになります。

3・2　密使外交は有効だったのか

「このチャネルを使えばイニシャティブが取れる」

沖縄返還の成否を決める69年11月の日米首脳会談が迫ってきました。ここまでを簡単に整理しておきましょう。「核抜き本土並み」を掲げる日本側は、「早期」返還と「核撤去」が最優先。米側は返還後の、「沖縄基地の自由使用」と「核の再持ち込み」を優先課題としていました。米側はひそかに核撤去方針を決めていましたが、それを最後まで明らかにしないことによって日本側から譲歩を引き出す戦略。基地の自由使用や核に関しては秘密合意を打診しますが、日本側はこれを拒否していました。米側には返還を通じて日本をアジアの安全保障に関与させ、自国の負担を軽減するという構想もありました。

さて、ここからはいよいよ、交渉のクライマックスである密使による折衝が始まります。この密使外交は、果たして佐藤の思惑通りの結果をもたらしたのでしょうか。

外務省と国務省を軸とした表向きの交渉がスタートした69年6月に、ロストウ前大統領特別補佐官が来日し、若泉にキッシンジャーと直接のパイプをつくれと進言したことは第2章で記しました。若泉はすぐに佐藤にその話を伝え、佐藤は7月7日に若泉に信任状を渡してキッシンジャーとの接触を依頼しています。

外務省の鈍い対応に不満を持っていた佐藤ですが、この時点では、「ホワイトハウスとのホットラインが大事」という若泉の進言には半信半疑でした。この日の「佐藤日記」には、「若泉敬君がやって来てどうしても訪米してキッシンジャー氏と会談する要ありと云ふ」と半ば突き放した記述があります。若泉自身も自著で、「佐藤総理がどうも今度のことの意義を本当には理解しておらず、軽々しく考えているのではないか、という疑いと不安、そして不満が胸中に残った」と綴っていました。

ここからは、密使外交の当事者である若泉が残した著作『他策ナカリシヲ信ゼムト欲ス』[*1]に基づいて検証していきます。

若泉は自身の人脈情報やロストウの話から、ニクソンやキッシンジャーが、「国務省―外務省」の公式ルートでは打開が難しいと考えており、裏ルートでの直接交渉を望んでいるとの感触を得ていました。一方、佐藤はこの時点では若泉のルートを単なる情報収集の一環として考えていたようで、若泉が「総理ただ一人の胸に納めて」と言ったにもかかわらず、愛知外相や木村俊夫官房副長官に若泉の存在を漏らしていました（その後、若泉が再度念押しして佐藤も自重）。

若泉は自著で、「交渉権限は与えられていなかったが、少なくとも単なる情報蒐集のためだけに出掛けるつもりはなかった」と高揚する気持ちを記しています。「私は、佐藤栄作氏個人のためにこの仕事をするのではない、ということをこの際自分自身に明確に言い聞かせておきたかった」とのくだりもあり、佐藤との温度差は相当の葛藤を生んだようです。

佐藤と会った日の晩、若泉はさっそく旧知のハルペリンに電話してキッシンジャーとのアポを取り付けました。若泉がワシントンに着いたのは7月16日、人類初の月着陸を目指したアポロ11号がケネディ宇宙センターから打ち上げられた日でした。その翌日、まずハルペリンと接触します。ハルペリンは、ニクソンが核撤去には好意的だが、核の再持ち込みの際に「日本がイエスと言う」保証を秘密の了解事項としなければ議会や軍部を説得できないと述べました。また、朝鮮半島や台湾、ベトナムへの基地の自由使用についても何らかの形で明文化するよう求めました。

若泉が「外務省は、特別の取り決めや秘密協定は一切やらない方針だ」と答えると、ハルペリンは「それができなければ、核抜き、本土並み、72年返還は難しいだろう」と突き放しています。そして、「なにしろ軍部が猛反対なのだ。彼らを代弁しているタカ派の議員をどう説得するかも難問だ」と説きました。気を重くした若泉は話題を変えて、「今回の役目は首脳同士の政治的なホットライン[*2]開設を打診することで、それ以上のものではない」とかわし、この日の会談を終えています。

「ホットライン」とは、すなわち若泉自身がキッシンジャーとサシで交渉を担うことを意味していました。佐藤は外務省の交渉に不満を持ってはいましたが、若泉にそこまでの裁量を与えたつもりはありませんでした。しかし、裏交渉が進むにつれて、佐藤自身も結果的に若泉の意見に引きずられていきます。

一方ハルペリンはこの直後、キッシンジャーに若泉が持ってきたホットラインの話をして「このチャネルを使えばイニシャティブが取れる」と進言していました。[☆1]キッシンジャーは若泉の推測通り、重要なテーマについて官僚を通さず自身が直接関与したがっていました。加えて、日本の外務省も秘密協定を嫌うなど、融通が利かない。ハルペリンはホットラインが双方の官僚を外して独自の交渉を行ういい機会になると考え、キッシンジャーに勧めたのです。

私の取材経験からすると、官僚と政治家は利害が対立することがしばしばあります。特に限られた時間軸の中で成果を求められる首相や大統領は、過去の経緯をうっちゃって急ハンドルを切るような政策を志向することがある。これに対し官僚は、良くも悪くも長い時間軸で安定的な政策遂行を望みます。急激な変化は往々にして、それまでの自分たちが築き上げてきた成果をふいにするからです。佐藤が若泉や沖懇に頼ったのはそのためですが、その事情はニクソンにとっても同じでした。ニクソンは後にこのホットラインを使って、官僚ルートでは果たせないある取引を持ち掛けます。

米シナリオに利用された密使

キッシンジャーとの会談は翌18日でした。ところが、直前でちょっとしたハプニングが起きます。同席するはずだったハルペリンが、「ヘンリーに断られた」と連絡してきたのです。真相はわかりませんが、若泉は「この時点で、マスコミへの秘密漏洩の嫌疑をかけられた一人として、ハルペリン氏の自宅にはＦＢＩ（米連邦捜査局）による電話盗聴装置が仕掛けられていた」と明かしています。[*3] ニューヨーク・タイムズの特ダネから神経をとがらせていたニクソン政権は、ハルペリンをリーク元の1人と考えていたようです。ハルペリンは2か月後の9月にホワイトハウスを辞し、ブルッキングス研究所に転出しています。

キッシンジャーと若泉の会談は夕方、ホワイトハウス地下1階の補佐官室で行われました。

冒頭、キッシンジャーは記録を録るためのスタッフを１人同席させたいと申し出ますが、若泉は断ります。代わりに、協議した内容を後でメモに残すことで同意しました。２人は旧知の学者同士でしたが、このやりとりは外交という異世界でお互いが慣れ合わずに向き合うための儀式のようなものだったのでしょう。

本題に入ると若泉は、佐藤が外交ルートでは難しい問題解決のために首脳同士のホットラインを築きたいと望んでいる、と切り出します。キッシンジャーは、「大統領は佐藤首相に個人的な親近感をもっている。ただしホットラインを開くかどうかは相談しなければならない」と態度を保留しました。若泉はこの後、緊急事態の基地の自由使用を公然と認めることはできないが、佐藤の考え方は柔軟かつ現実的だと説明しています。その上で、「核撤去の可能性について大統領の真意を知りたい」と述べ、「私はこれを佐藤氏のみに伝え、なにびとにも絶対に他言しない」と説得しました。

基地の自由使用では譲るから、日本の世論が注視する核撤去だけは確実にしたい——。若泉の話はまさに佐藤の本心そのものですが、それは「核をおとりに譲歩を引き出す」という米側の意図が反映された結果でもありました。外務省だけでなく、若泉による密使交渉もまた米側のシナリオに沿う形で展開していきます。

会談直後にニクソンと電話で話したキッシンジャーが、「（大統領がホットライン開設の）提案に賛成した。もう一度、月曜日に話そう」と伝えてきました。さらに「君とは、これから何度でも会おう。お互い旧知の学者仲間だが、これからはそれ以上に友人として協力し合おう」と笑顔をつくりました。若泉は「その表情は巨大な権力をエンジョイし始めている男の心理を映し出していた」と描写していますが、それはキッシンジャーが裏交渉に成算を感じ取ったものだったのかもしれません。

21日夜の2度目の秘密会談は、キッシンジャーが一方的に問いを投げ掛けました。彼は冒頭で、「大統領は、沖縄について、政治的判断を優先させることの必要性を理解している。したがって、佐藤首相が訪米された際に困るような立場には置かない」と若泉を安心させます。その上で、「事前協議条項について日本側からどんな自由使用の保証を与えてもらえるだろうか」と、米側の最大関心事を率直に尋ねました。さらに、「この点について原則的な合意ができれば、核の貯蔵ないし配備をやめることを考慮してもいい」と言い、核を再び持ち込む権利についても、「日本政府はどのように保証してくれるのか」とたたみかけました。そして最後に、「日本側にも事情がおありだろうから、たとえばのことだが、両首脳間の秘密の了解事項として扱ってよいものかどうか、佐藤首相のお考えを聞きたい」と、米側が望む〝最終形〟を示唆し、会談を終えています。

別れ際、今後の電話連絡で若泉はキッシンジャーを「ドクター・ジョーンズ」と呼び、キッシンジャーは若泉を「ミスター・ヨシダ」と呼ぶことを決めました。ホットラインはこのように秘匿工作が徹底されましたが、それを忠実に守ったのは、若泉だけでした。キッシンジャーは後に回顧録で、「私は問題に通じていなかったので、わが方の主役たちには細大漏らさず情報を伝えた」と明かしています。

半世紀前の台湾有事問答

2回の秘密会談を終えた若泉はホットラインの開設に成功し、意気揚々と帰国します。しかし25日に報告に行った際の佐藤の反応は芳しくありませんでした。新たに得た情報には感謝しつつ、ホットラインの開設には「それほど乗り気ではなかったような印象を受けた」とし、「私は不満だった。その意義を理解できないとは、なんと鈍感な人だろうという気持を抑えがたかった」とまで不信感を募らせます。

交渉方針についても、佐藤と若泉は意見を異にします。佐藤は「どうしても〝核抜き返還〟でいきたい。特別協定を結ぶようなことは、難しい」と述べました。さらに、朝鮮議事録を引き合いに、「自分はそういうことはしたくない。どだい、そんなことはいまのわが国では無理な話だ」と、秘密協定についても重ねて否定しました。

キッシンジャーの言葉に重みを感じていた若泉は、「しかし、ホワイトハウスは、なんらかの形でそういうものがないと、肝心の〝核抜き返還〟は保証できないと言っていますが」と説いています。佐藤は「渋い顔をして耳を傾けていただけ」でした。

若泉の不満と失望は相当大きかったようで、自著では「何らかの妥協策は国際社会での熾烈な外交交渉の常ではないか」「総理の態度は自分の立場だけにこだわり、あまりにも固陋《ころう》すぎると思えた」などと、字数を費やして佐藤の態度を難じています。そして、この若泉の国際政治学者としての信念と、密使としての過剰ともいえる責任感が土壇場の交渉に微妙な影を落としていきます。

その後、若泉は駐日大使マイヤーの補佐役として大使館に赴任した、旧知のスナイダー公使と頻繁に接触を重ねます。スナイダーは11月の首脳会談での合意事項をまとめる共同声明案づくりの責任者でした。２人は友人でしたが、お互いが持つ人脈や情報から交渉上のヒントを得たいという思惑は共通していました。

８月12日、若泉は東京・麻布にあるスナイダーの公舎で夕食に招かれます。スナイダーが強調したのは、台湾への自由出撃の意義でした。当時、米側は朝鮮半島への自由出撃は容認されそうだが、台湾とベトナムの壁は厚いと感じていたようです。中国が台湾に侵攻すれば日本にとって脅威ではないかと詰めるスナイダーに対し、若泉は「そんな可能性はまずないだろう」とやりすごそうとします。

するとスナイダーは驚いたように、「国際政治や安全保障を研究している君が、可能性がないなどと言うとは思わなかった。中国は台湾を必ず解放すると言明しているし、武力行使を放棄するとは約束していないのだ。台湾への武力行使があれば、何よりも日本の生命線が脅かされるではないか」と諭します。

このやりとり、読者の皆さんはどう感じられるでしょうか。スナイダーが言った内容は半世紀後の今日でも議論され、しかも「理にかなったこと」として受け取る日本人も増えているように思います。しかしこの当時、専守防衛の日本が、台湾海峡の有事[*4]に間接的にでも関与するということは政権の基盤を揺るがしかねない極めて重大な問題でした。

若泉はこの翌日の13日、再び佐藤と会談しました。佐藤はロジャーズ国務長官との会談で、核抜きだけは絶対に譲れないと力説し、基地の自由使用については「韓国の場合は、自分はイエスと言うのは当然だと考えていると言っておいた」と得意げに語っています。若泉が

「台湾は?」と聞くと、「もし、戦闘が起こったら同じことだろうな」とつぶやいています。

焦点の基地の自由使用問題は、こうして朝鮮半島、台湾について事実上容認する方向で最終形が見えてきました。これまで密約で朝鮮半島への米軍の自由出撃を認めていた日本政府は、沖縄返還を契機にその範囲を台湾まで拡大するという大きな転換をすることになります。繰り返しますが、その判断は将来の安全保障政策を踏まえた組織的討議を重ねたものではなく、「早期」「核抜き」という返還条件との、いわば見返りで佐藤個人が独断で決めたものでした。ここに密使外交の怖さがありました。

〝繊維〟誘発した「最大限の手助け」

次に若泉が会った22日も、佐藤は朝鮮半島、台湾向けの基地の自由使用は「まあ、仕方ないだろうね」とするものの、ベトナム向けは日米間で見解の相違が大きく、「困っている」と話しました。特別取り決めについても、「避けたい。相互信頼でいきたい」と態度を変えませんでした。若泉は自著で、「総理の判断は〝甘い〟という気がしてならなかった」と記し、いらだちを深めています。

若泉はここで、小さなトラップを仕掛けました。まず佐藤に「向こうには向こうのやむを得ない事情があるでしょうから、こちらもできるだけのことをしてやるということでなければ、交渉はまとまらないですね」と述べます。そして黙って聞いている佐藤に、「いまのこと（「できるだけのことをしてやる」）は、向こうに伝えてきてもいいですか」と問うています。

特別取り決めなどの具体論の適否ではなく、「先方の事情に配慮する」という一般論に置き換えて佐藤の柔軟姿勢を引き出そうという意図だったのでしょう。佐藤は「いい。こちらもできるだけのことはするから」と答えました。佐藤は主要な争点以外での支援を念頭に置いた軽い気持ちだったようですが、この後、若泉は言質を得たかのように密使の矩《のり》を超えた対米折衝を進めていきます。

読者の皆さんはこの経緯に既視感を覚えませんか。67年11月の首脳会談直前、「合意時期の合意」をのませるため若泉はロストウに「日本側の譲歩とか貢献とかあったら、率直に言ってもらえないか。総理に伝え、最善の努力をして説得する」と訴えました。結果、佐藤はジョンソン大統領の望んだ「ベトナム政策への支援」に言及、「合意議事の合意」を勝ち取りました。若泉の脳裏にはその時の成功体験が浮かんだのではないでしょうか。

さて、若泉とキッシンジャーとの3回目の接触は28日、米カリフォルニア州サンクレメンテにある大統領別邸[*5]で行われました。そこで若泉は、自身が事前に準備した覚書を手渡しています。その骨子は、①11月の日米首脳会談をサンフランシスコで開きたい、②核兵器を返還時までに撤去してほしい、③ニクソン大統領が抱える諸問題に対し、佐藤首相は最大限の手助けをしたいと考えており、彼のなしうるすべてのことを約束する、の3点でした。サンフランシスコでの首脳会談要請は、沖縄の施政権を日本から除外した1951年9月の講和条約が同地で締結されたことから、その返還合意も同じ場所で行うことでドラマチックな雰囲気を演出したいという若泉自身の案でしたが、それは後に米側に却下されます。

問題は③にありました。これは先に触れた佐藤との問答を具現化したものですが、後にニクソンが沖縄返還とはまったく関係のない、日本からの繊維輸出[*6]の自主規制を持ち出すきっかけとなりました。「糸」と「縄」の取引、つまり繊維の自主規制をのむことによって沖縄返還を実現させたのではないかと指摘された問題です。

ニクソンは大統領選最中の68年8月、日本からの安価な繊維輸出で打撃を受けていた米南部の票を獲得するため、南部選出の有力上院議員と対日輸出規制実現を約束します。大統領に就任したニクソンにとって、これは早期に果たさなければならない宿題でした。

若泉は自著で「当時、私の頭のなかには、（中略）対日〝繊維自主規制問題〟があったわけではない」としながらも「老獪な政治家ニクソン氏はひょっとすると、このメモランダム

（若泉の覚書）を読んで、日本政府による繊維の自主規制と沖縄返還との取り引きという〝妙案〟を意識の端に上らせ始めたのかもしれない、という気がしないでもない」との反省を綴っています。

若泉が、返還交渉に繊維問題が絡んでいると気付いたのは1か月後の9月25日、ハルペリンとワシントンのホテルで懇談した時でした。若泉は翌26日にキッシンジャーと4度目の会談をする予定で、事前に米側の内情に探りを入れたかったのです。秘密主義で独断型のキッシンジャーに不信感を持ったハルペリンは既にホワイトハウスを辞めることになっていましたが、わざわざ若泉の投宿先まで足を運んでいます。

ハルペリンは懇談で、「ニクソンとしては沖縄返還で相当の犠牲を払うのだから、その見返りに佐藤首相が繊維をやってくれれば、非常に喜ぶだろう」と、繊維と沖縄の取引が大きな焦点になりつつあることを率直に指摘しました。若泉は、「繊維の話がこれほど明確に、かつ強い調子で出てこようとは思ってもいなかった」と記しています。

この懇談では、後に「核密約」とされる有事の際の核再持ち込みについても突っ込んだやりとりがありました。

ハルペリンは「会談のときに、佐藤氏は『それに対して日本は同意するだろう』という約束を与えなければならないだろう、と自分は思う。この秘密の了解事項は、米国側はニクソン大統領のみが保管することにするが、それは、佐藤首相の後継者たちをも拘束するものでなければなるまい」と説きます。それがどんな意味があるのか、と問う若泉に対しては「誰にも記録そのものは見せないのだが、大統領は確信をもって（議会や統合参謀本部に）説明し、説得にあたることができる」と答えています。そして「こういう例は、じつは他の国ともかなりやっているんだ。イギリスや西ドイツともある」と付け加えました。長い付き合いの中で彼の助言に偽りがなかったこともあって、若泉はますます秘密合意の必要性を確信していきます。

自ら「密約」を申し入れ

翌日のキッシンジャーと若泉の会談は、公務の都合でわずか30分ほどでした。しかし、それは返還交渉の構図を劇的に変える重要なやりとりでした。

若泉は、「自分が首相にアドバイスしなければならないようなこともありうるのではないか」と前置きした上で、「朝鮮、台湾、ベトナムに関する事前協議の問題は、なんとか事務レベルで話がつくと思うが」と核の問題に焦点を当てようとします。キッシンジャーは、

「そう。それはワーディングの問題だ」と切り捨てた後、声を低めてこう言いました。「むしろ大事なのは繊維だ」

キッシンジャーは、「これは、ニクソン大統領の威信に関わる問題だ。この問題だけは彼の選挙中にコミットしたもので、どうしても解決しなければならない」と強調し、「この、大統領の希望を佐藤首相に伝えてくれ給え」と述べました。若泉は内心戸惑いながらも、ここで「彼もできるだけニクソン大統領を助けたいと思っているので、いまの大統領の〝希望〟を伝えることは承知した」と答えています。

若泉はこの会談のやりとりを詳しく自著に記していますが、「沖縄と繊維は別の話ではないか」と異議を唱えた形跡はありません。キッシンジャーの要請の後に、あっさりと伝達することを了承しています。そこには、核問題の解決を明確にしたいあまり、佐藤から許しを得た「大統領のためにできるだけのことをする」という言質を拡大解釈していく若泉の複雑な心理がのぞいています。

若泉はこの後、「核はどうなっているのか」と迫りますが、キッシンジャーは「これは大統領の専管事項だ」と明言を避けます。いらだつ若泉が「ヘンリー、だから、あなたのところにこうして私が来ているのではないか」と詰めると、キッシンジャーは直接答えず「繊維をなんとかしてくれ。ケイ（若泉のこと）、総理大臣に伝えてくれ」と返しました。若泉は「分かった。どうしてもしなくてはならないなら仕方がない。（中略）なんとかするよう佐藤総理に話をしよう」と答えています。

若泉の記した通りだとすると、このやりとりは、キッシンジャーが問わず語りに「核」と「繊維」の取引を求め、若泉がそれに応じたようにみえます。

さらに若泉は、重大なことを自ら切り出しています。

「核を抜いたあと、将来万一どうしても困るような極めて重大な緊急事態が起きた場合に備えて、ある程度相談に応じてもいい。そうした場合の事前協議について、たとえば、プライベートで明確な了解を首相と大統領との間で交わしておくというのも一案だろう」

これは密使としては明らかに一線を越えた行動と言っていいでしょう。佐藤は明確に秘密合意を嫌っていましたし、若泉もそのことを知っていました。若泉のキッシンジャーとの接触は、この時点では情報収集が目的で、自ら提案する裁量は与えられていないはずです。若泉は、「核抜きの点だけが私の関心にあった、といっていいくらい、核問題は私を支配していた」と記しています。つまり、核に執着するあまり若泉は「核密約」、さらに「繊維との取引」という禁忌に向けて〝暴走〟していきます。その暴走を抑えるチェック機能が働かないことも、密使外交の怖さでした。

４日後の30日に行われた５度目の会談で、キッシンジャーは繊維と核に関する２枚の紙[*7]を若泉に手渡します。繊維の方は日本側に求める輸出自主規制の内容で、核の方は再持ち込みの権利保証と、その場合に使用する基地のリストでした。キッシンジャーは繊維については「(専門外なので）俺にはよく分からない」と言いながら、「実現を強く期待している」と述べ、核については「保証してくれなくては、沖縄の返還に応じることはできない」と断言しました。繊維問題は大統領の「希望」から「要求」に変わり、核の再持ち込みの秘密了解はもはや沖縄返還の「条件」でした。

若泉は「ヘンリーに威圧されたわけではないが、いまや駆け引きの対象にはならない性質のもの」と綴っています。彼が白旗を上げたというより、キッシンジャーの交渉術が、この国際政治学者のリアリズムと合致したと言った方がいいのかもしれません。

ミイラ取りがミイラに

帰国した若泉は10月３日、公邸で佐藤と会い、キッシンジャーから渡された２枚の紙の邦訳を示しました。若泉は繊維について「ことの重大さが分かりました。できるだけのことをして大統領に応えてやって下さい」と話すと、佐藤は渋い表情で「難しい問題なんだが、君の話は分かったよ」とだけ述べています。

核の再持ち込みについては、若泉はもっと強い調子で佐藤に決断を促しています。

「非常事態に際しては、事前通告だけで核の再導入を認めることを保証してくれ、さもなければ沖縄は返せない、というのがいまや軍部だけではなく、ニクソン大統領自身の意思でありかつ決定なのです」

そして2枚の紙を指差しながら、「ここで取り引きする余地は、残念ながらごく僅かしかないでしょう。核抜き、本土並み、72年返還を貫徹するためには、基本的には、向こうが出してきたその二つを拒絶することはできないと思います」と断言しました。佐藤は「少し時間をくれないか」とためらいますが、若泉は「核のことは、いくら押しても通常の外交ルートでは返事は来ないんですから、（中略）きちんとおかれて対処してください」とダメを押しました。若泉はこの時の心境を、「私とて不本意なことはもちろんだが、（中略）すんなり要求が通るのなら、もうとっくに通常の外交ルートで決着がついているはずではないか、という開き直った気持ち」と綴っています。

その後、佐藤は逡巡を重ねます。23日に再び若泉と会いますが、繊維は「ガット[*8]の場で話し合う」、核は「相互信頼で」と逃げ、しびれを切らした若泉は「歴史に責任を負っていただかないと困ります」とまで難詰しました。

翌24日、若泉はキッシンジャーに電話で「（佐藤は）真剣に考慮を加えつつある」と、事実とはニュアンスの異なる〝前向き感〟を伝えています。

佐藤が軟化の兆しを見せたのは、27日に若泉が公邸を訪ねた時です。冒頭、佐藤は核再持ち込みについて、「特別の取り決めはないようにしたいな」と述べますが、若泉が「大統領自らが、何か書いてくれ、と言っているんです」と詰めると、しばらく熟考の後に「ニクソンが、どうしても、それが必要だというのなら、会談の記録をまとめたものにして、それにサインしてもいい」と述べます。〝雇い主〟からようやく譲歩を引き出した若泉は、ここで「私がキッシンジャーと交渉していいんですね」と遅ればせながら承諾を求め、「結構だ。やってきてくれ給え」との〝証文〟を得ます。

話題は再び繊維に戻り、佐藤は「繊維と沖縄を絡ませて取り引きをしたという印象を与えてはならんので、気をつけてほしい」と述べ、ジュネーブでの二国間交渉に委ねたい意向を伝えました。しかし、ここでも若泉は強気に佐藤を説得しています。「その程度の話では、向こうへの返事になりません」「この話は、やるのですか、やらないのですか」と矢継ぎ早に問いました。佐藤は力なく「分かった。もう少し詰めよう」とだけ答えています。

この4か月に及ぶ裏交渉は、佐藤の密使であるはずの若泉が徐々に米側の代理人と化し、佐藤を説得していく過程のようにみえます。ミイラ取りがミイラになったというのは言いすぎでしょうか。若泉は著書で、「核抜き早期の返還のため」という大義を強調しています。もちろんそれはあったのでしょうが、行間からは中途半端な権限しか与えず、収集してきた情報を重視しない佐藤への不信感とともに、キッシンジャーやハルペリンら学者仲間が持つドライな国際政治感覚への親近感さえうかがえます。

若泉は、公式ルートの外務省—国務省で突破できなかった壁を打ち破ったという意味では一定の評価があると思いますが、密使外交には、交渉権限の曖昧さや集合知によるチェックが働かないなどの副作用があったことは否定できません。特に若泉自身が専門外の繊維交渉まで半ば能動的に関与した点は、返還後の日米関係に禍根を残しました。その点は第4章で詳述します。

そしていよいよ、決断の日が来ます。それは首脳会談2週間前の11月6日朝のことでした。佐藤は「特別取り決めとか、一切結びたくないんだが」とぼやきます。若泉はそこで、「向こうがどうしても書いたものを保証してくれ、と固執して譲らない場合は、一つの方法として、合意議事録にして残し、首脳二人がイニシアルだけサインするというのはどうですか。絶対に表に出さず、他の誰にも話さず、ホワイトハウスと首相官邸の奥深くに一通ずつ、極秘に保管するということでは」と腹案を示しました。

佐藤は「向うは絶対、外部に出さんだろうな」などと警戒します。そして、「しばし黙考のうえ、私（若泉）の眼を正視」して「君に委すから、全部まとめてきてくれ給え」と、腹をくりました。後に言う「核密約」が決まった瞬間でした。

四半世紀後の悲嘆と自負

佐藤はなぜ、密使外交にのめり込んでいったのでしょうか。早期返還に後ろ向きだった外務省への不信感が大きな要因であったことは確かです。一方で、佐藤には「新奇を好む性癖があった」と指摘する人もいます。国政選挙で東京五輪女子バレーボールの監督だった大松《だいまつ》博文《ひろふみ》や、作家の今東光《こんとうこう》、石原慎《いしはらしん》太郎《たろう》といった別世界の人たちに政界入りを勧めたりもしています。密使外交では若泉のほかにも、68年11月に共和党人脈を持つ、高瀬保・京都産業大学教授にニクソン政権の動向を探らせたことは第2章で触れました。堅物のように見えて、案外に融通無碍な人だったのかもしれません。ただ、69年11月の返還合意に向けて若泉に頼っていく背景には、外務省ルートでは進展しない核撤去問題へのいらだちと焦りがあったのは間違いありません。それは米側の戦略でもありました。

密使外交には、もちろん大きな成果もありました。日米双方が交渉条件さえ示していない67年11月の時点で、ジョンソン大統領に「両三年内に合意時期を合意する」ことを事実上約束させたのは、若泉が「ベトナム政策への支援」という米政権が欲する〝急所〟を探り当てたからでした。69年11月の首脳会談前後には、後に述べるように、共同声明の核条項をめぐる強硬な国務省案の提出を防いだだけでなく、総選挙前に核搭載ミサイル・メースB撤去[*9]を米側に発表させるなど、外務官僚には託しにくい政治的な要求をのませています。

一方で、九州大学の中島琢磨《なかしまたくま》准教授は、佐藤は二元外交で、「重要な問題について米側の要望を断ることが困難な状況に追いやられた」[☆2]として、「このような個人的な外交交渉ルートを創設することは、佐藤にとって腹心の保利や愛知にも相談できないという状況を結果的に形成してしまった」と密使外交を批判しています。日本の安全保障政策の根幹に関わる問題は、本来であれば組織・人的資源を総動員して対処すべきテーマです。密使外交が、その選択肢を封じたことは事実でしょう。

若泉はキッシンジャーに対し、「この裏交渉は佐藤、ニクソンを含めた4人だけの秘密に」

と何度も念を押し、自身も偽名を使ったり変装をしたりと秘密保持を徹底していました。ところがジョンソン国務次官は後年、回顧録で「幸い、キッシンジャーはそれ（若泉との交渉）について私に話してくれた。ちょうどロストウがジョンソン大統領と佐藤との首脳会談以前に、佐藤から同様の手が打たれたことを私に話してくれたように」と綴っています。秘密を保持したのは日本側だけで、米側はキッシンジャーを中心に一元体制を組んでいたのです。

92年５月、国際交流基金日米センターが主催した沖縄返還20周年記念セミナー[*10]で、司会から「密使はあなたか」と問われた若泉は、「Neither deny nor confirm」（否定も肯定もしない）と、米国の核戦略をもじって煙に巻きました。密使から20年を経てもなお〝約束〟を守ろうとしたのかもしれません。

返還から四半世紀後の96年７月27日、若泉は郷里の福井県鯖江市で服毒自殺[*11]します。外交関係者の間では、米側に踊らされていたことへの自責と憤りの念との指摘もありました。一方で彼がいなければ、少なくとも沖縄の「早期」返還がなしえなかったことは確かでしょう。若泉が死の直前にしたためた２段組み６３０ページの大部『他策ナカリシヲ信ゼムト欲ス』には、日本国民が安全保障を真正面から議論せず、沖縄だけに負担を押し付け続けている現状への悲嘆と、密使として全精力を傾けた自らの仕事への自負が綴られています。

３・３　共同声明には何が隠されていたのか

朝鮮半島、台湾、ベトナムを分かち書き

この項では、69年11月の日米首脳会談の共同声明をめぐる最終交渉をたどっていきます。この声明には、今日に至る「日米同盟」の起点ともいえるさまざまな〝仕掛け〟が施されていました。

外務省は7月24日付の公文書「共同声明米案に対する日本側見解」で、基本的スタンスを整理しています。注目したいのは、返還後に沖縄基地を法的にどう取り扱うかを検討した二の(2)「在沖縄施設・区域の継続使用」です。その中で外務省は、「返還後の継続使用は、安保条約及び関連取極(具体的には地位協定)に従つ《ママ》て認められるのであつ《ママ》て、現段階において、日本政府として『別段の合意なき限り』という形で包括的承認を与える立場にない」と記しています。

沖縄には返還時点で１３０～１４０の米軍基地(公文書では「施設・区域」と表記)がありました。米側は水面下で、これらすべての継続使用を包括的に認めるよう求めていました。

しかし外務省は意地を見せてそれを拒否し、地位協定に沿って処理するとしました。地位協定の第2条1項aでは「個個の施設及び区域に関する協定は、第25条に定める合同委員会を通じて両政府が締結しなければならない」とあります。これは一つひとつの基地ごとに、両政府がそれをどのような目的でどう使用されるのか検討する条項です。外務省はこの条項を盾に米側の包括承認を拒否したわけですが、米側もそこは強く反論せず、「名より実」を取りました。しかし、実際に一つひとつの基地の妥当性を精緻に検討した形跡はありません。外務省は米側に個々の基地データを要求していますが、その妥当性を主体的に判断する知識や情報もなく、時間もありませんでした。結果、沖縄が返還された72年5月15日の日米合同委員会で、ほとんどの基地の継続使用が決まっています。

69年8月からは、外務省―国務省の間で共同声明の原案づくりが本格化しました。最大の焦点は、やはり「基地の自由使用」と「核」でした。

8月9日、北米局長の東郷が、自ら筆を執った最初の共同声明案11項目が出来上がります。妻が、東京・西新橋の慈恵医大病院に入院した際に看病しながら一気に書き上げたものでした。条約局の栗山尚一《くりやまたかかず》調査官が精査して12日に完成した案[*1]では、「返還にあたっては、日米安保条約及びこれに関連する諸取決めが何らの追加的取決めもなく沖縄に適用される」として、特別取り決めを排除しました。一方で基地の自由使用に絡む事前協議に関しては「沖縄の日本への早期復帰を、日本を含む極東の安全を損なうことなく達成する」とした上で、焦点の3つの地域について差をつけた分かち書きをしています。

朝鮮半島は、「韓国の安全は日本自身の安全にとって不可欠〈最終的には「緊要〈essential〉」〉」と最大限に重視する姿勢を見せ、「台湾海峡における安全保障上の情勢に大なる関心を払っている〈最終的には「台湾地域における平和と安全の維持も日本にとってきわめて重要な〈important〉要素」〉」と差をつけながら、ともに米軍基地からの出動に強い制限を課さない含みを持たせました。ベトナムに関しては、「インドシナ地域の安定と復興のため果しうる役割を探求している」と外交上の〝常套句〟で言及しただけでした。

一方、核に関しては「大統領は、日本政府の立場に理解を示し、この日本政府の政策に背馳することなきよう沖縄の施政権返還を図る」として、日本の非核三原則を念頭に核が撤去されることを示唆しました。ずばり「核を撤去する」と書かなかったのは、米国はどの地域にも核兵器の存否を明らかにしない「NCND」(Neither Confirm Nor Deny)政策を採っており、そもそも沖縄に核が貯蔵されていることを公に認めていないためです。

外務省と国務省は共同声明案づくりと並行して、佐藤が別途演説する「一方的声明」案についてもそれぞれ文案作成を行っています。先述した通り、共同声明は法的拘束力が強く、従来の法律からはみ出すようなことを入れると、国会から「行政範囲を逸脱している」と指摘される恐れがあります。しかし、演説や挨拶のたぐいにはそうした拘束力は弱く、追及されても「個人の見解」などと逃げが打てる。日米は、佐藤の「一方的声明」で共同声明の抽象的な言い回しをできるだけ具体化し補完することで折り合っていました。

8月15日、米大使館公使のスナイダーが米側の「一方的声明」対案を外務省に示します。そこでは「韓国」と「台湾」が同列に書かれ、いずれの地域も事前協議に際し日本側の「すみやか（prompt）かつ好意的な（favorable）考慮」が下される、とありました。[*2]

これに対し18日に外務省は3地域に差をつけ、しかも事前協議に臨む態度をやや抑えた表現に変えた対案を示しました。それは次のようなものでした。[*3]

「韓国に対する武力攻撃が発生するようなことがあれば、これはわが国の安全に重大な影響を及ぼすものであります。従って、万一韓国に対して武力攻撃が発生し、これに対処するため、米軍が日本国内の施設区域を戦闘作戦行動の発進基地として使用しなければならないような事態が発生した場合は、事前協議に対して、前記の見地に立って迅速、かつ、積極的な（positive）態度でこれに臨むというのが政府の方針であります」

台湾については、「わが国の安全という見地から、当面わが国周辺の問題として、台湾海峡の静謐ということもわれわれの大きな関心事であります」としながら、当面は米中が直接戦火を交えるような事態は「予測しておりません」と、朝鮮半島に比べてトーンを落としました。ベトナムは、「すみやかに公正な和平がもたらされることを希望する」と淡々と記しています。

このように公式ルートの交渉は、3地域についての事前協議に臨む日本側の姿勢をめぐって応酬がありましたが、それはキッシンジャーの言った通り、「ワーディングの問題」に過ぎませんでした。返還を72年とすることも早々に固まり、核を除く共同声明案、一方的声明案ともに文案自体はほぼ日本側の原案が受け入れられました。

米側の狙いは、日本が戦後初めて公式に「極東の平和と安全」の重要性を「認識」し、その関与を強めていくきっかけをつくることでした。それは共同声明の第2～7項で繰り返し強調されています。中島琢磨九大准教授は、「爾後米軍のどのような活動も、『極東の平和と安全』の維持という理由に基づいて支持せざるを得ない状況を、結果として固定化させてしまった[☆1]」と、このときの政策判断の重さを指摘しています。

「核再持ち込み」に道筋付けた共同声明の一節

共同声明のもう一つの焦点である「核」については、外務省は頭を抱えていました。それは、①ニクソンの最終判断が不明、②核の存置を明確にしない米戦略（NCND）との整合性、③米軍の秘密合意の要求、という三つの難題があったからです。

外務省条約局は9月上旬、事前協議制度の適用という日本側方針と核の再持ち込みを求める米方針を折り合わせるためのぎりぎりの妥協策として次のような文案をひねり出しました。

「七、総理大臣は、核兵器に対する日本国民の特殊な感情及びこれを背景とする日本政府の政策について詳細に説明した。大統領は総理大臣に対して、米国政府としては、日米安保条約の事前協議制度に関するその立場を害することなく、かつ右の日本政府の政策に背馳することなきよう沖縄の返還を処置する意図であることを確約した」

これは8月9日に東郷が書いた声明案に条約局の中島条約課長、栗山尚一調査官が知恵を付け「米国政府としては、日米安保条約の事前協議制度に関するその立場を害することなく」という文言を付け加えたものです。後に示すように、この文言は若泉とキッシンジャーによる裏交渉でも焦点になります。

この一連の文章はとても分かりにくいのですが、事前協議制度を維持しながら米国の核再持ち込みに道筋を付けた形になっています。なぜ、これが核の再持ち込みの可能性を容認しているのか。つまりこういうことです。それまで日本政府は、核の持ち込みについてずっと「ノー」との姿勢を貫いてきました。それは１９６７年12月に佐藤が衆院予算委員会で非核三原則を表明する以前から、少なくとも表向きは「ノー」でした。しかし「事前協議制度に関するその立場を害することなく」という文言は、米側に核の持ち込みについて事前協議を申請する権利を確認した上で、それには「イエス」も「ノー」もあるということを示唆しているのです。

この点は当時、文案作成に携わった外務省条約課長・中島敏次郎が『外交証言録』でこう説明しています。「全て『ノー』ということではないということです。（中略）アメリカのコミットをあらかじめ塞いでいるわけではなく、何かあったら、その（事前協議制度の）メカニズムの中で決めるべきだということで、なんとかまとめたわけです」

この条項の巧みなところは、その直後に「かつ右の日本政府の政策に背馳することなきよう」と、あらためて日本の非核三原則で歯止めを掛けているような文言を置いていることです。これだと、日本側から見て核の再持ち込みはありえないように読めます。しかし米側から見ると、再持ち込みに「イエス」の可能性はあり、その時の日本政府が持ち込みを「是」

とすれば、「日本政府の政策に背馳」することにはならないと解釈できるということです。

この文言は共同声明のまさに核心でした。声明が公表されたとき、新聞各社は疑念を持ちつつも、核条項の複雑な含意を正確に読み解くことができませんでした。北米局長の東郷は「条約局苦心の作[☆2]」と回顧しています。米側もこれには感心したらしく、キッシンジャーは回想録[*4]の中で、この表現がジョンソン国務次官の発案であり、これによって軍部を納得させることができたと誇っています。後年、この回想録を読んだ東郷が抗議すると、キッシンジャーは「改訂版を出すときに書き直しておこう」と言ったそうです。

葛藤の果ての合意議事録

11月に入って共同声明の文案は核条項を除いてほぼ固まり、残すはニクソンが本当に核撤去を容認するかの一点に絞られてきました。最後の詰めは、再び若泉とキッシンジャーの間での裏交渉に委ねられます。

若泉は11月10日にキッシンジャーとの面会の約束を取りますが、その4日前からワシントンのホテルに入り、共同声明の核条項の文案を練りました。先の外務省案は、佐藤から事前に渡されていました。もちろん、外務省はそのことを知りません。

最終的に書き上げた文案は、日本にとって最も好ましい「ドラフト1」から米側に最大譲歩した「ドラフト5」までの5案でした。いずれも冒頭に、「総理大臣は、核兵器に対する日本国民の特殊な感情およびこれを背景とする日本政府の政策について詳細に説明した。これに対し、大統領は深い理解を示し……」とあり、その後は次の通りです。

ドラフト1：返還時に核兵器が沖縄から撤去されることを確約した。
ドラフト2：沖縄返還は日本政府の政策に背馳することない形で実施されることを確約した。
ドラフト3：沖縄返還は安保条約の事前協議制度に関する米国政府の立場を害することなく、日本政府の政策に背馳することない形で実施されることを確約した。
ドラフト4：沖縄返還は安保条約の事前協議制度に関する米国政府の立場を害することなく、日本政府の政策に背馳することない形で実施される意図であることを確約した。
ドラフト5：この問題についての米国の政策を述べた。大統領はまた沖縄返還が安保条約の事前協議制度に関する米国政府の立場を害することなく、日本政府の政策に背馳することのない形で実施されることを確約した。

ドラフト3は前項で外務省が作成した文案とほぼ同じものですが、若泉自身はドラフト2で決着を付けたいと望んでいました。

若泉には、さらにもう一つ宿題がありました。彼にとって専門外の繊維問題で日本側の姿勢を伝えることです。若泉は、①佐藤はこの問題を日米二国間ではなくガットの場で多国間で解決されるべきと考えている、②多国間会議の準備として日米で秘密裏に話を進める必要がある、③佐藤は米側が示した具体的提案には十分留意している、④沖縄問題とは切り離して扱うべき、とした覚書をまとめました。

最後に、核再持ち込みに関する合意議事録案の作成に取り掛かります。若泉はその時の心境を自著でこう書き綴っています。

「窓から見下ろす足早の冬を感じさせるビル街の殺風景な眺めは、一層私の気を重くした。この文書が、万が一にも『極秘』でなくなったとき、日本国内で巻き起こるであろう事態が、いかなる政治的意味をもつかを、私なりに認識していたつもりである」

そして、自身がことを進める根拠として、「徹底した現実論」が外交の本質だという信念を披瀝しています。「核時代における自国の生き残りをアメリカの〝核の傘（抑止力）〟の保護に求めている敗戦国日本としては、万が一にも緊急不可避の非常危機事態が生起した場合、自国の生存と安全のためにもこの文書が必要となるかもしれない。それが、そもそも日米安保条約の存在理由ではないか」

その煩悶と葛藤の果てに生まれた合意議事録案は、概略以下のようなものでした。

「米大統領：極めて重大な緊急事態が生じた際には、米国政府は、日本国政府と事前協議を行った上で、核兵器を沖縄に再び持ち込むこと、及び沖縄を通過する権利が認められることを必要とするであろう。

日本総理：重大な緊急事態が生じた際における米国政府の必要を理解して、かかる事前協議が行われた場合には、遅滞なくそれらの必要をみたすであろう」

キッシンジャーの脅し

10日夜の会談で、キッシンジャーは若泉の作った繊維の覚書を読みながら「もともと、こんな問題で取り引きするなどという意図は全然なかったんだが」と、思わずホンネを漏らしました。若泉は「あなた方は取り引きするつもりなのか」と突っ込み、キッシンジャーは慌て否定しますが、それはまさに「沖縄」と「繊維」のディール（取引）以外の何物でもありませんでした。合意議事録についてもキッシンジャーは、「ホイーラー将軍（統合参謀本部議長）が何と言うかだ」として、合意議事録が軍を説得するためのものであることを示唆しました。

結局、キッシンジャーが論評したのは共同声明の核条項のドラフトだけでした。ドラフト1については「これはダメだ」と切り捨てましたが、2は「望ましいものだ」と評価しています。3は「合意議事録ができる以上『事前協議制度に関する米国政府の立場を害することなく』という語句は必要ないと思うが」と述べました。若泉も、「ヘンリー、まったくそのとおりだ。佐藤首相はドラフト2を強く望んでいる」と応じています。キッシンジャーは「大統領と話してみる」と言って、この日は終わっています。

翌11日夜、若泉は突然キッシンジャーから呼び出されます。胸騒ぎを覚えながら若泉が駆け付けると、要件は多岐にわたりました。キッシンジャーはまず、「繊維の話題を佐藤氏から持ち出してほしい」とした上で、先に米側が示した自主規制の数値で合意できるかの再確認を求めてきました。若泉は米側からの要請を佐藤から切り出すのはおかしいと思いながらも、「総理と話してみないと確実なことは分からない」と答えています。

キッシンジャーは、さらに共同声明案の核条項についてもドラフト3への変更を求めてきました。「事前協議制度に関する米国政府の立場を害することなく」の文言がないと議会強硬派を説得できないという理由でした。戸惑う若泉にキッシンジャーは脅しをかけてきます。「国務省が上げてきた核に関する項目は、もっと厳しいものだ」と言って、国務省案を示します[*5]。

若泉の記憶によると、それは「大統領は、事前協議の規定により、米軍の装備の重要な変更（核の持ち込み）について米国政府が要請を行い、それが日本を含む極東の安全にとって必要とされる場合には、日本政府の同意を得られるものと理解する、と述べた。総理大臣は、この理解に賛意を表明した」という趣旨のものでした。

交渉の最終段階で、このような過激な国務省案が出されれば大変なことになる。舞台裏で交渉権限を委ねられた若泉も佐藤の信用を失いかねない――。若泉は動揺を見せます。「冗談ではない。とてもこんなものは受け入れられない」と反発する若泉に対し、キッシンジャーは「議会が一筋縄ではいかないんだ」と言いながら、さらに揺さぶりをかけました。「君は、国務省がこれを東京で出したとき、日本側がうまく対応できるよう、このことをいますぐに佐藤氏に連絡できるか」

完全な脅しでした。酷な言い方ですが、同じ学者出身でも、交渉の巧みさではキッシンジャーの方が数段上でした。若泉は「国務省を通じてやるのは、止めてもらえないか」と懇願します。キッシンジャーはしばらく黙って考え、こう言いました。

「会談の席上、佐藤首相は大統領にドラフト2（A案）を出し、二人で話し合う。そしてニクソン大統領はどうしてもこのセンテンスが必要だと言って、ドラフト3（B案）で妥協することにしようか」

追い詰められた若泉は、渋々了承します。この瞬間、共同声明の肝である核条項が固まりました。

3・4　首脳会談の舞台裏では何があったのか

佐藤の逡巡と若泉の説得

帰国した若泉は、11月15日に佐藤と会います。米側が核抜きを明確に確約したことや共同声明の核条項がドラフト3で決まったことを伝えると、佐藤は「そうか」と感嘆し、「これだけできれば大成功だ。有難う」と満面の笑みをみせました。秘密の合意議事録についても、あっさり「これでいい」と応じています。佐藤の米国への出発は翌々日。あれだけ秘密協定を嫌がっていた佐藤も、もはや観念したのでしょう。このときの佐藤の心中を支配したのは、世間が注目する「核抜き」で合意したことへの安堵感だったように思います。

問題は繊維でした。米側が示した繊維の自主規制についての覚書は複雑ですが、大雑把に言えば次の通りです。

（1）ガットの場での多国間合意を前提に、12月初めから日米間で予備的討議を極秘に行う。

（2）予備的討議は、①毛化合繊製品すべてを対象に包括的な規制、②規制の基準は原則として69年6月末までの1年間の輸出額が上限、③これをもとにした多国間協定は70年1月に発効し最低5年を期限、との内容で年内に合意することを目標とする。

（3）日本は予備的討議が実施されたことを公表せず、その合意内容をガットの場で日本の提案として示す。

（4）その上で米国は韓国、台湾、香港にそれぞれ二国間討議を働き掛け、最終的にガットの場での国際協定を目指す。

（5）繊維問題は日米首脳会談の共同声明には含めない。

若泉が覚書を示し、「ニクソンにとっては、沖縄よりも繊維なんです。（中略）これだけは佐藤総理にどうしてもやっていただきたい、と言っています」と話すと、佐藤は途端に不機嫌になりました。米側の露骨な「糸」と「縄」の取引に逡巡したのです。その態度を見て危惧を抱いた若泉は、「これをやらないと、今度の会談で沖縄は還らないかもしれないんですよ」とたたみかけました。佐藤は言を左右にするだけでした。

四半世紀後、このときの自身の振る舞いを若泉は自著で、「いまになってみれば妥当性を欠く行為であったといわざるをえない」と記しています。自身が佐藤に圧力をかけたことを反省し、「もしそのとき総理がもっと明確なコメントを与えてくれたら、私もそれを踏まえて、キッシンジャー補佐官に異なるニュアンスで交渉することも不可能ではなかった」とも綴っています。

それは当然のことでした。若泉は核問題や国際政治には詳しくとも、経済、なかんずく複雑な繊維交渉にはまったくの門外漢です。相手の手にある「沖縄」の価値はわかっても、自身が差し出す「繊維」の価値を知らずに取引しようとしたわけです。

若泉は自著で、「最終段階になってこうした異質な要求を、しかもこれほど露骨に直接絡めてくるなどというのは、異常と言えば異常」と米側の態度を難じつつ、一方で「内政と外交は一枚の貨幣の両面で、不可分の関係にある」とも綴り、自身の葛藤にページを費やしています。そして「私自身に〝ギブ〟するものの内容（繊維での妥協）を理解し、正しく判断するだけの知識と能力が欠如していた」ことを正直に認めています。しかし、誰かに相談しようにもできない。ここにも密使外交の落とし穴がありました。

この日の会談の最後、佐藤はおもむろにこう言います。「よし、なんとかニクソンを助けよう」。若泉は間髪入れず、「この線でよろしい、とはっきり向こうに言っていいですか」とダメ押しし、佐藤は「いい」と答えました。若泉は、「それは、決して、力強い応諾ではなかった」と綴っています。

「万事うまくいった」

11月17日。佐藤はいよいよ米国に出発します。この日はあいにく雨でした。大学紛争の最後の闘争目標として「総理訪米阻止」を掲げたデモ隊が取り巻く中、佐藤は官邸からヘリコプターで羽田空港に向かいました。

20日午前零時半過ぎ（米東部時間19日午前10時半過ぎ）、初日の会談が始まりました。佐藤とニクソン二人きり（通訳含む）の会談は約1時間半。まず安保条約を10年期限の固定では

未来を「予測」する最良の方法は、
それを「発明」することである。

――「パーソナル・コンピュータの父」アラン・ケイ

4.12
光文社未来ライブラリー
創刊

光文社未来ライブラリーは、最良の未来を発明する人々のための、新しいノンフィクション・学術文庫シリーズです。

このたび、光文社文庫の新レーベルとして、「光文社未来ライブラリー」シリーズを創刊することになりました。文庫としては、2006年9月創刊の「光文社古典新訳文庫」以来となります。

コンセプトは、「最良の未来を発明する人々のための、新しいノンフィクション・学術文庫シリーズ」で、翻訳単行本、ノンフィクション、新書の中から未来の「知」に相応しいアカデミック、ジャーナリスティックなものを厳選してラインナップに加えていきます。

幅広い年代の読者に手に取っていただけるラインナップを意識してまいりますが、特に、これから様々な分野のリーダーとなり、未来をつくっていく方々に読んでほしいという思いを込めて、「未来ライブラリー」とネーミングしました。

2021年に、光文社新書は創刊20周年、古典新訳文庫は創刊15周年を迎えました。この光文社未来ライブラリーも、15年、20年と読み継がれるように、鋭意取り組んでまいります。

末永くご愛読のほど、よろしくお願い申し上げます。

※カバーの背などにあしらわれた水玉のモチーフは、「知」の一滴が集まって大きなうねりとなる、というイメージです。

光文社未来ライブラリー編集部　三宅貴久、小都一郎

光文社未来ライブラリー 0001

第1感

「最初の2秒」の「なんとなく」が正しい

マルコム・グラッドウェル

沢田 博・阿部尚美 訳　定価1,100円

一瞬のうちに「これだ!」と思ったり、説明できないけど「なんか変」と感じたりしたことはないだろうか?　これが心理学でいう「適応性無意識」である。なぜ、さまざまな科学的検査で本物と鑑定された古代ギリシャ彫刻を、何人かは見た瞬間に贋作だと見抜けたのか?　あるベテランのテニスコーチはいかにして、選手のサーブ直前にダブルフォールトになることを見抜いているのか?　多くの実験や取材から、「ひらめき」の力の謎に迫る!

光文社未来ライブラリー 0002

ヒルビリー・エレジー

アメリカの繁栄から取り残された白人たち

J・D・ヴァンス　関根光宏・山田 文 訳　定価1,320円

「米大統領が代わっても、
忘れられてはならない本がここにある」
ブレイディみかこさん推薦

2016年、無名の31歳の弁護士が書いた回想録がアメリカでミリオンセラーとなった。「ラストベルト(さびついた工業地帯)」と呼ばれる、かつて鉄鋼業などで栄えた地域の荒廃、自らの家族も含めた貧しい白人労働者階層の独特の文化、悲惨な日常を描いた本書は、トランプ現象を読み解く一冊として世界中でセンセーションを巻き起こす。2020年、ロン・ハワード監督によって映画化もされた歴史的名著が、文庫で登場。解説・渡辺由佳里なく、今後はどちらかの異議がない限り自動延長することで合意します。

沖縄問題に入ると、冒頭でニクソンは「沖縄の解決は日本の安保反対勢力の問題を解決することになるか」と問い掛けました。佐藤は「自分としては沖縄の解決により、社会党の力を減少せしめることを狙っている」[☆1]と答えています。なかなか生々しいやりとりです。この後、ニクソンは沖縄返還に当たっての日本への〝宿題〟に言及しています。「日本には軍事的により大きな責任を請け負ってほしい」と述べ、さらに「これは要望（demand）ではなく、事実の問題（statement of fact）である」と強い調子で言い含めました。佐藤は、「今後『空』および『海上』を中心に自衛力を強化していく方針である」と答えています。

共同声明の内容に移ると、ニクソンは焦点の核の再持ち込みについて「緊急事態での沖縄の使用について、佐藤総理は案をお持ちか」と尋ねます。佐藤は段取り通り核条項のドラフト2（A案）を示しました。これに対してニクソンは、「緊急時に沖縄の基地の機能を損なわない」という趣旨の厳しい案を提示します。若干のやりとりの後、佐藤はドラフト2に「事前協議制度に関する米国政府の立場を害することなく」を追加したドラフト3（B案）を示しました。ニクソンは一読し、「自分はこの表現なら米国民を納得させる用意がある」と応じ、返還交渉最大の焦点だった核問題は無事終わりました。

その後の密約署名のシーンは既にさまざまなところで報じられています。ニクソンが「見せたい美術品がある」と言って佐藤を執務室わきの小部屋に案内し、通訳は待機させられます。[*1] 小部屋ではキッシンジャーが待っていて、用意した合意議事録に2人はサインしました。このときのサインは事前の約束ではイニシアルのはずでしたが、ニクソンがフルネームを書き込んだため、佐藤もそれに倣いました。イニシアルの件以外は、すべてキッシンジャーの描いたシナリオ通りでした。

執務室から出てきた佐藤は、控室で待ち構える外務省幹部に「話がまとまりました。B案で話がつきました」と満面の笑顔でポケットから核条項のメモを見せました。ホッとした一同は「万歳三唱するような雰囲気」でしたが、メモを精読した愛知外相の秘書官が「これは誰の案文ですか。A案とかB案とか言っているのは何ですか」と血相を変えました。まとまった核条項は若泉が外務省案に手を加えたものでしたが、外務省は舞台裏の工作を最後まで知りませんでした。

会談終了から約6時間後の日本時間20日午前7時50分、東京・荻窪の自宅でまんじりともせず長い夜を過ごした若泉に、佐藤から電話が入りました。「約束どおりだった。万事うまくいった。有難う」。若泉はそのときの心境を「かつて味わったことのない深い歓びが心底から静かに湧いてきた」と綴っています。

一方、公式ルートの交渉を指揮した東郷北米局長は、後に総理秘書官の楠田実に、「核についてて何らの確証なしに総理を会談に臨ませねばならなかったのは、外交担当者として失格ですよ」と語っています。[☆2]

何もかも自分の手で差配したいキッシンジャーが若泉ルートでの決着を志向したことで、公式ルートは交渉の最終盤で機能しなくなりました。その結果、外務官僚では難しいブレイクスルーができたわけですが、一方で佐藤は繊維との取引、核密約という代償を強いられる形となったのです。

キーワード省きキッシンジャー激怒

若泉の安堵もつかの間、繊維を話し合う2日目の会談の前にまたひと悶着ありました。キッシンジャーは初日の会談後、若泉に電話で繊維問題の約束事を確認した後、規制の対象を繊維製品のすべて、つまり「包括的規制にしたい」と佐藤自身から申し出るよう求めてきました。

若泉が電話すると、大統領晩餐会を終えた佐藤は「ディナーの席上で、こっちの大先生

（ニクソン大統領）に明日の話は難しくなりますよ、と予告しておいたよ」と含み笑いで切り出しました。沖縄問題を乗り切り、多少酒を飲んで気が大きくなったのでしょうか。しかし、肝心の沖縄返還をうたった共同声明はすべての会談が終わらないと出ません。もし米側が2日目の繊維の話に納得いかなかった場合は、声明見送りの恐れもありました。

この時、首脳会談と並行してスイスのジュネーブでは、日米の繊維交渉が別途行われていました。繊維問題を沖縄と切り離したい佐藤は、ワシントンからジュネーブの交渉団に米側に譲歩した新たな訓令を出していました。そして若泉に、「訓令には『包括的』という言葉は使っていないが、これで交渉の経過をみようではないか」と最後の抵抗を試みます。それを若泉から伝え聞いたキッシンジャーは怒り、若泉は再度佐藤を説得します。結局2日目の会談は、もとのシナリオ通り進めることで佐藤は同意しました。

ところが2日目の会談で、佐藤は米側が求めたキーワードである「包括的」という言葉を使わず、しかも「12月末まで」という合意期限にも言及しませんでした。会談後、キッシンジャーは電話で、「共同声明は出せないかもしれない」と若泉に激しい怒りをぶつけました。佐藤は「じつは、こちらも（言い出す）チャンスを狙っていたんだが、向こうから具体的要請がないもんだから」などと若泉に弁明します。若泉の最後の説得で、佐藤は儀礼的なものになるはずだった最終日3日目の首脳会談の冒頭、自ら2つのキーワードをニクソンに伝え、なんとか帳尻を合わせました。

3日目の会談後、米側の心憎い演出がありました。ニクソンが愛知に歩み寄ってポケットから日本の煙草ハイライトを取り出し、自ら封を切って渡してこう言いました。「もうあなたいいでしょう、よかったですね」。ニクソンはマイヤーを通じて愛知が「核抜き」合意まで禁煙していることを知っていたのです。愛知は後に「(米国は)そこまで行き届いた注意をしながら政治をやっているんだ」と感嘆しています。[☆3]

会談を終えた佐藤とニクソンは、肩を並べて日米の政府関係者が待つホワイトハウスのローズガーデンに現れました。快晴の日差しの中で、ニクソンは「日米会談は毎度おきまりの言葉として日米関係は新時代に入ったというが、今回こそがまさしくそう思う」と述べました。佐藤が公約に掲げてから約5年半。幾多の曲折の果てに沖縄返還は合意されました。

論点ずらした記者会見問答

72年返還、核条項、事前協議への対応などを盛り込んだ15項目の共同声明が記者団に発表されたのは、ローズガーデンでの歓送式が終わった後でした。米国とともに日本が「極東の平和と安全」に関与することがうたわれたことは、日本の安全保障政策の大きな転換点でした。これは在日米軍の活動範囲を広げる担保となっただけでなく、周辺事態法[*2]などその後の日本の自衛範囲の拡大にもつながっていくのですが、佐藤や外務省が当時、この点を深く省察した形跡はありません。

その後、佐藤はホテルで記者会見に臨み、核に関する記者の質問に対し巧みに論点をずらす答え方をしています。記者が「(共同声明の核条項にある)『米国政府の立場を害することなく』ということが核の再持ち込みを容認するようにも受け取れるが」と問うたのに対し、佐藤は「事前協議が沖縄にもそのまま適用されるので、念のために書いたものだ」と答えています。

「米国政府の立場」とは、非常時に「極東の平和と安全」を守るため沖縄に核の再持ち込みをしたい米国の立場を想定したもので、米側から要求があった場合に「極東の平和と安全」を同様に重視するとした日本政府が米側の立場を尊重し前向きに判断することを示唆したものです。記者の質問はまさに核心を突いたものでしたが、佐藤は本土と沖縄を同じ扱いにするという論点にすり替えて応答しています。

記者は続けて、「米側に事前協議でイエスを期待する気分があり、その門戸を残しておいたということか」と問います。佐藤は「核について事前協議を書いておかないと、なにかあるのではないか、という疑問が出るので最終的には書いた方がよいということになった」と、ここでも噛み合わない答えに終始しています。

さらに、「有事の際、核の持ち込みがありうるとの報道があるが」との問いには、「私は確信をもって国民のみなさんに安心してください、といいたい」と答えました。これも「再持ち込みはない」と直接答えるのではなく、国民感情に訴えかけたチグハグな答えです。

最後に佐藤は、「私はいま、この交渉の取り決め一本で『さあどうだ』と国民の前に示すことができてうれしい」と結びました。沖縄だけ暫定的に事前協議を除外する「特別協定」を結ばなかったことを強調したものですが、当然のことながら密約となった「合意議事録」には触れていません。

佐藤は記者会見の直後、ワシントンのナショナル・プレスクラブで「太平洋新時代の幕開け」と題した演説を行います。共同声明を補う「一方的声明」がこれでした。この演説後、佐藤は出席者との質疑応答をしていますが、ここでは気が緩んだのでしょうか、いくつか危うい答え方をしています。

まず「核貯蔵について話し合ったのか」との問いに「大統領との話し合いの中身は共同コ

ミュニケの範囲でしかいえない。これはトップシークレットだ」と答えています。「共同声明に繊維の問題が入らなかったのはなぜか」と聞かれた際の答えは、もっと際どいものでした。「ニクソン大統領との会談の中にはトップシークレットの問題はいくつもあるが、繊維の問題は新聞にも詳しく報道されているので申し上げる。この問題は大統領と話し合った。ジュネーブでこの問題が詳細に話し合われているので、いまさら共同声明に盛り込むこともあるまいということになった」

「トップシークレット」を連発する佐藤に、臨席した日本政府関係者の中には露骨に渋い顔をする人もいたそうです。

「慶賀」の本土、「不信」の沖縄

このように69年11月の日米首脳会談は綱渡りの連続でしたが、当時の世論にとっては「沖縄返還合意」というインパクトは絶大でした。翌22日の本土の全国紙は、概ね慶賀ムードの見出しを掲げています。朝日の主見出しは「日本の核政策尊重を確約」、毎日は「72年・核抜き・本土並み」、読売は「沖縄、返還時は核抜き」。一方で、いずれも「事前協議米の立場害さず」を脇見出しにとり、核の再持ち込みに疑念が残ったことも併記しました。社説では、この核疑惑に言及しつつも、いずれも27年ぶりの沖縄返還を成し遂げた政府の外交を評価しています。

一方、沖縄2紙はもっと率直に合意内容への不信を伝えています。主見出しこそ「〝72年返還〟で合意」（沖縄タイムス）、「本土並み、72年返還で合意」（琉球新報）と、ファクトでとっていますが、脇では「核抜き表現に微妙な配慮」（沖タイ）、「〝核抜き〟なお疑念」（琉球）と本土紙よりストレートに「疑い」を示しています。社会面でも「沖縄県民は心から〝バンザイ〟を叫べないスッキリしないものがある」「〝復帰〟を待ち望んだ気持ちとはウラハラに、晴れない」（琉球）と、沖縄民意を伝えました。

沖縄の不信を端的に表したのは、米国からの衛星中継で佐藤の会見の模様を食い入るように見つめる屋良主席の硬い表情でした。22日の記者会見では、「さきに上京して首相や外相に会ったとき『屋良さん、施政権さえわれわれの手に返れば、もっと強く相手に要求できる』といわれた。（中略）沖縄だけがしわ寄せされてはたまらない。本土の一億国民と連帯して基地縮小に努力していく」と述べました。

24日の外務省公電によると、屋良は共同声明の説明に訪れた千葉北米一課長に対し、核条項の「米国政府の立場を害することなく」と「日本政府の政策に背馳しないよう」が矛盾しているのではないかと問うています。これに対し千葉は、「米国は返還時核抜きを確約し、同時にすでに安保条約体系の下で保持している事前協議制度の権利を再確認したのみであり、矛盾はない」と説明していますが、それが核の再持ち込みを可能にする含意があることには触れていません。

興味深いのは、ジョンソン国務次官が21日の共同声明発表後に米記者団に向けて行ったブリーフィング（背景説明）です。ジョンソンはその中で、「返還後、米国が沖縄基地から撤収するという問題はないどころか、われわれは引き続き沖縄にある基地および施設を利用していく」「特別の事態に際し米国がもし必要と認めれば日本との協議を行うという米国の権利を極めて慎重に留保しており、しかもこのことが核兵器に適用されることは明確である」と述べています。このブリーフィングには日本人記者団は招かれず、日本ではほとんど報じられませんでしたが、ジョンソンの発言は沖縄の人々が抱いた懸念が正鵠を射ていることを裏打ちしていたのです。

一方、大願を成就した佐藤は間髪を入れずに〝投資の回収〟に着手しています。首脳会談が峠を越えた20日夜、佐藤はワシントンに同行していた側近の竹下登に「年末に衆院解散」の意向を伝え準備を促しました。そして返還合意から、わずか２週間足らずの12月２日に衆院を解散。電光石火の早業でした。異例の土曜日投開票となった12月27日、自民党は追加公認を含めて28議席増の３００議席と圧勝し、佐藤は翌70年10月、異例の自民党総裁４選を果たすのです。

第4章
密約の実態

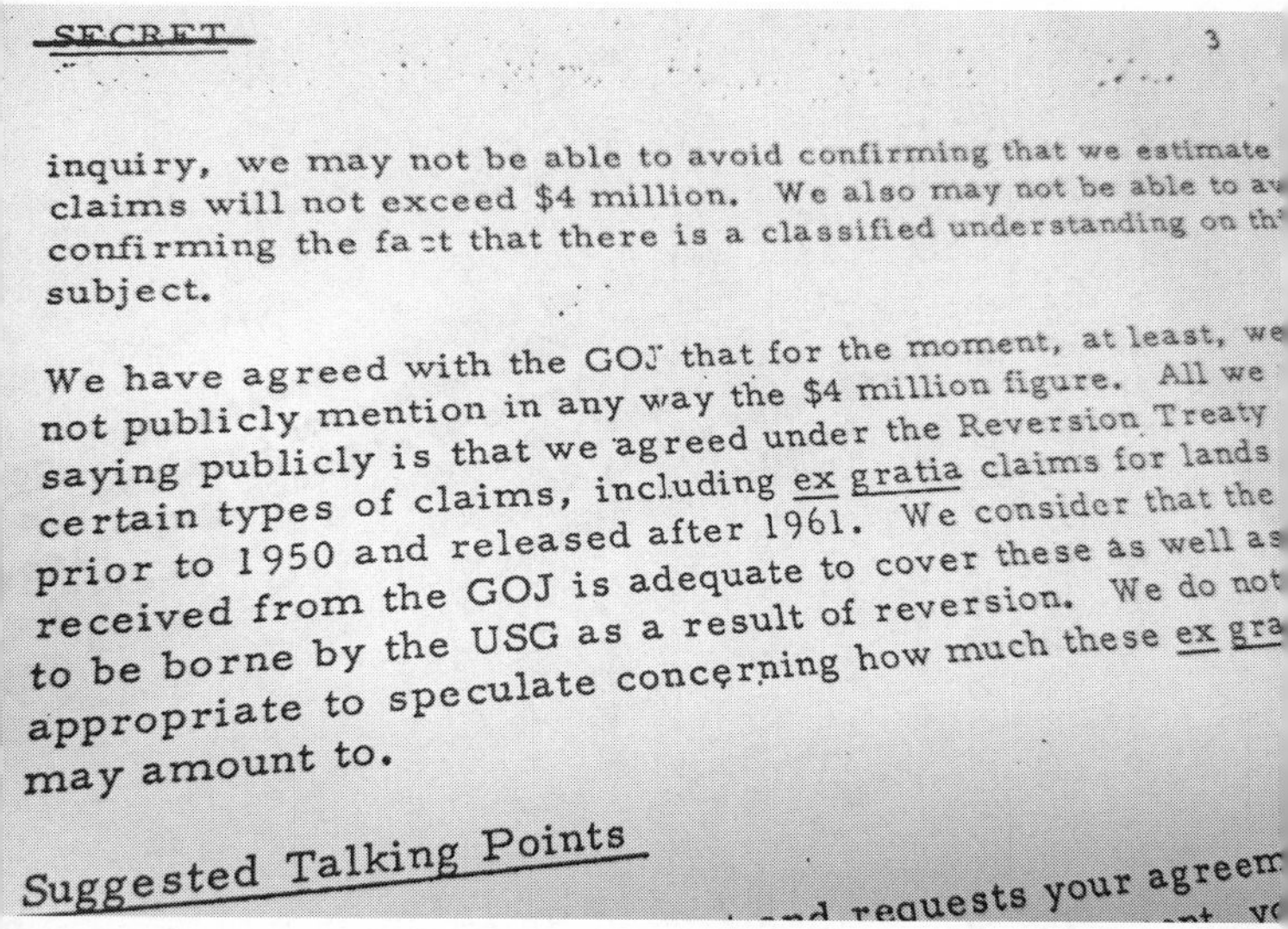

SECRET 3

inquiry, we may not be able to avoid confirming that we estimate
claims will not exceed $4 million. We also may not be able to av
confirming the fa ct that there is a classified understanding on th
subject.

We have agreed with the GOJ that for the moment, at least, we
not publicly mention in any way the $4 million figure. All we
saying publicly is that we agreed under the Reversion Treaty
certain types of claims, including ex gratia claims for lands
prior to 1950 and released after 1961. We consider that the
received from the GOJ is adequate to cover these as well as
to be borne by the USG as a result of reversion. We do not
appropriate to speculate concerning how much these ex gra
may amount to.

Suggested Talking Points

requests your agreem

軍用地の原状回復費400万ドルを日本が肩代わりしたことを明記した米国家安全保障会議の内部文書

4・1　核密約はそれほど重大事だったのか

自宅に持ち帰った佐藤の真意

本章では、沖縄返還に汚点を残したとされる「密約」について検証します。

佐藤とニクソンが、ホワイトハウス大統領執務室の脇にある小部屋でサインした「核再持ち込みをめぐる合意議事録」は、その後どうなったのでしょうか。合意議事録の実物が明らかになるのは、返還合意から40年後の２００９年12月22日の読売新聞夕刊のスクープです。[*1]

「核密約文書　佐藤元首相邸に」と題した一面トップ記事を書いたのは、政治部の吉田清久《よしだきよひさ》記者。吉田記者は、佐藤の次男で元通産相の信二《しんじ》から5年前に「核密約文書を保管している」と打ち明けられましたが、「日米関係に影響を与えたくない」として記事にすることは断られたそうです。吉田記者は、そこであきらめませんでした。記者である自分に話をするというのは、いずれ公表する覚悟があるのではと考えて、信二の説得を続けました。俗にいう〝信頼関係〟の構築です。吉田記者はそれを5年もかけてやったのですから、たいへんな粘りです。

文書は佐藤邸書斎の机の引き出しの中にありました。佐藤が75年6月に死去した際、東京・代沢の自宅にあった遺品を遺族が整理していて見つけました。机は首相在任時、官邸に置かれていましたが、退任の際に自宅に運ばれたそうです。信二は読売の取材に、「(佐藤は)外遊の際はアタッシュケースに書類を入れて持ち歩いていた。訪米の際も、帰国してその文書をアタッシュケースから書斎机に移したのだと思う」と答えています。

佐藤は、この密約文書を後継の田中角栄《たなかかくえい》以降の首相に引き継いでいません。[2] 自宅に持って帰り書斎の引き出しに入れたまま、完全に私物化したのです。ちなみに、２００９年に民主党政権ができて沖縄密約に関する調査[3]に乗り出しますが、その際、信二はこの文書を外務省に渡そうとします。ところが外務省は、「これは私文書で密約ではない」と言って受け取ろうとはしませんでした。それまで外務省は沖縄密約の存在を否定していたため、メンツもあったのでしょうが、佐藤が外務省にも知らせず引き継ぎもしていないという事実を重視した面もありました。

では、なぜ引き継ぎをしなかったのか。二つの理由が考えられます。一つは共同声明の核条項です。前にも見ましたが、第8項の「事前協議制度に関する米国政府の立場を害することなく」によって、沖縄に核の持ち込みを主張する権利が既に保証されているということです。キッシンジャーも回想録で、「事前協議制度を定めた条項がある。共同声明でこの条項に言及しておけばそれぞれの要請は満たされるはずだった」と記しています。外務省条約課長だった中島敏次郎も、後年、「密約もへちまもないのです。（事前協議制度という制度で）もともと、『イエス』もあり『ノー』もあるのだから」[☆1]と証言しています。共同声明で核の再持ち込みに門戸を開いているので、合意議事録など不要だったということです。

合意議事録は強硬派である米軍部と議会の一部を説き伏せるためのニクソン政権の保険的証文にすぎない、いわば米国内部の説得材料でした。そのことを理解している佐藤は、引き継がないリスクよりも、引き継いだ結果、それが漏れるリスクを恐れたのだと推測できます。民主党政権下で行われた沖縄密約に関する調査でも、有識者委員会は合意議事録について、①内容が公表された共同声明を実質的に超えるものではない、②政府内で正式に引き継がれていない、として密約とは認定していません。

もう一つの理由は、米国の「ＮＣＮＤ」政策の存在が考えられます。米国は60年の安保改定で事前協議制度が定められて以降、事前協議を申請したことは一度もありません。それは核の持ち込みがなかったからではなく、核が「あるともないとも言わない」というＮＣＮＤ政策を米国が採っているからです。

仮に、沖縄に核を持ち込むような事態になっても米国は事前協議を申し出る可能性は低い。つまり、合意議事録の存否が将来問われることはないと佐藤は考えたのではないでしょうか。そうだとすると、生真面目に密約を引き継いで漏洩リスクが増すより、自分の胸の内に仕舞い込んだ方がいいと考えるのは不思議ではありません。

佐藤とは対照的に、米国側は国務省と国防総省で合意議事録を公的に保管していました。しかしハルペリンが、「架空の、起こりえないであろう有事の状況を想定して、密約を必要とした[☆2]」と後年語っているように、沖縄に核を再び持ち込むような事態は米側も想定していなかったようです。前にも記したように、核の運搬手段の発達で、潜水艦に核を装備して移動を続けることが相手国にとってより脅威となったためです。

結局、密約は軍や議会向けの米側の国内対策にすぎず、たとえ漏れても政権にダメージはない。だからしっかり保管していたのでしょう。

国民の知らないところで政府が密約を結ぶことはもちろん好ましいこととは言えません。しかし、沖縄返還に伴う「核密約」は、そのおどろおどろしい呼称とは裏腹に、実態の伴うものでなかったことも確かだと思います。

日米間の核「持ち込み」解釈の違い

そもそも核の持ち込みについて、日本と米国の間には解釈の食い違いがありました。60年の安保改定で米軍の配備、装備における重要な変更と、日本からの戦闘作戦行動については日本政府との事前協議の対象となりました。この時、藤山愛一郎外相とマッカーサー2世駐日大使との間で交わされた「討議の記録[*4]」という非公式文書があります。そこでは「合衆国軍用機の飛来（entry）、合衆国艦船の日本領海や港湾への立ち入り（entry）に関する現行の手続きに影響を与えるものとは解されない」旨が記されていました。つまり、「飛来」や「寄港」は単なる「通過」（transit）であって、核の「持ち込み」（introduction）には当たらないとの解釈です。ところがこの文書はその後の日本政府内で共有された形跡がなく、解釈の引き継ぎも十分でなかったようです。

この点に不安を抱いたライシャワー大使が63年4月に大平正芳外相に対し、「『持ち込み』（introduction）とは核兵器の日本への“placement”（常設的配備）を意味するものであり、核兵器を搭載した艦船・航空機が一時的に立ち寄ること（transit）は日本への持ち込みに当たらないのではないか」との見解を示しています。大平を含め外務省はその際、明確な反論をしませんでした。[☆3]

その後、佐藤が68年１月の施政方針演説で、正式に非核三原則を打ち出します。この演説草稿では、「持たず」「作らず」はすぐ出てきたのですが、「持ち込ませず」は後から付け足された経緯がありました。しかし、この時も「持ち込ませず」が日本国内への常設的配備だけなのか、通過も含まれるのかといった詰めた議論をしないままで、非核三原則はその後独り歩きを始めます。日本側は「持ち込み」は「一時的な立ち寄り」や「通過」も含んでいると広義の解釈をし、米側は日本からの明示的な異論がなかったことを理由に、「一時的な立ち寄り」や「通過」は「持ち込み」には当たらないと考えていた。つまり、解釈の違いが長い間放置されたのです。

政治学者の田所《たどころ》昌幸《まさゆき》慶大教授は、「日米両国政府は、互いに異なる解釈で進むことを了解し合っていたであろう」と推測しています。[☆4] そうであれば、沖縄返還の際の核の再持ち込みをめぐる合意議事録も、米側に言わせれば「通過」や「一時的立ち寄り」は事前協議すらしなくていい、ということになります。「核密約」は、このように二重三重の意味で実態の乏しいものだったのです。

返還交渉当時、外務省条約課長だった中島敏次郎によると、外務大臣が代わるたびに、日米間の解釈の違いを理解してもらうためブリーフィングをやっていたそうです。[☆5] 中島は近年の極東情勢の緊迫化を念頭に次のように話しています。

「例えば北朝鮮が核施設を作って、本当に実戦上の意味が出てきたときの用意というか、それに対する日本側の対抗手段として、曖昧さが存在するのは国際政治上意義があるという考え方もできなくはない。（中略）理論的な整合性や潔癖性のために核『持ち込み』について検討作業をやるよりも、本当に事態が変わった際にどうするかは、時の内閣の問題だということで、合理的な範囲での曖昧さを残しておくことで警戒を怠らないというメリットもあるのではないか」

「糸」をめぐるニクソンの怒り

佐藤とニクソンの首脳会談では、「繊維の自主規制」というもう一つの密約がありました。「核密約」が実態を伴わないものだったのに比べ、こちらはその後の日米関係を暗転させます。

11月に沖縄返還が合意され、12月末の総選挙で自民党が圧勝して69年は終わりました。大仕事を成し遂げ、「それまでの人生における最高の新春」を味わっていた若泉でしたが、その充実感は長く続きませんでした。

70年1月17日深夜、若泉宅に一本の国際電話がかかってきます。キッシンジャーからでした。「12月末と言った君の友人（佐藤）の約束はどうなっているんだ」。キッシンジャーは首脳会談で佐藤が約束した、繊維の自主規制に向けたプロセスがいっこうに進展していない事実を告げ、「私の友人（ニクソン）は、もう2週間も待たされている」などと早口でまくしたてました。佐藤は、12月末までに日米間で繊維輸出の自主規制について極秘合意するとの密約を守らなかったのです。

日米間の繊維交渉はその後も難航に難航を重ね、71年夏、ニクソンはついに「10月15日までに合意できなければ対敵取引法を発動する」と最後通牒を突き付けました。対敵取引法とは、対象国を敵国とみなして一方的な輸入制限をかける法律で、経済制裁としては最も厳しい措置の一つです。日米関係の瓦解も辞さないニクソンの怒りを象徴したものでした。国内繊維業界の猛烈な抵抗に逡巡していた政府もこの脅しにようやく腰を上げ、7月に通産相になったばかりの田中角栄が、業界への低利融資など約２０００億円の支援と引き換えに米側要求を丸のみして決着します。首脳会談から約2年ぶりのことでした。[*5]

この間、佐藤に裏切られた格好のニクソンは、さまざまな形で日本に揺さぶりを掛けました。71年3月には日本の業界団体が、米側要求とはかけ離れた輸出自主規制を発表、日本政府も歓迎声明を出しますが、ニクソンはその直後に佐藤宛に書簡を送ります。そこでは「(日本政府の声明に)本当に驚きました。失望と懸念を隠すことができません。双方が満足できるような交渉を続けることが望ましいのですが、もはや不可能でしょう」と交渉の打ち切りを示唆し、「こうした形であなたに手紙を書くことになったのは深く遺憾です」と結んでいました。国のトップ同士がここまで激しい言葉を使うことは滅多にありません。

こうした経緯をみると、「糸」と「縄」は本当に取引されたのかという疑問が浮かびます。米側はそのつもりだったのでしょうが、佐藤はどうでしょうか。会談直前の若泉とのやりとりをみても、佐藤は米側が提示した繊維の覚書については終始後ろ向きでした。最後まで言を左右にしながら、「縄」とのバーターでない形を求めていたようにみえます。

前述の首脳会談の顛末を見る限り、現場では確かに〝取引〟があったのですが、佐藤は履行しなかった。それは国会の輸出規制反対決議[*6]や業界の抵抗などの圧力も大きかったのでしょうが、佐藤の心の奥底には、『糸』と『縄』を取引した」という事実を歴史に残したくないという思いが強かったのではないでしょうか。

それは、核再持ち込みの合意議事録を自宅に持ち帰って「なきもの」とする行為と通底する、佐藤の政治家としての〝自負〟だったのかもしれません。

しかし、それは米国の地雷を踏むことにほかなりませんでした。第5章で触れるように、「繊維」のもつれは返還協定交渉での基地縮小問題などにも微妙な影を落とします。71年6月の沖縄返還協定調印の前には、駐日大使マイヤーが外務省に対して「(繊維問題の)沖縄問題への跳ね返りを心配している」と忠告しています。

そして7月にはキッシンジャーが極秘訪中し、米国は中国との国交正常化に踏み出します。翌8月にはドルと金の交換停止を発表。この2つのニクソン・ショック[*7]は同盟国であるはずの日本に事前通告はありませんでした。繊維の密約を反故にした佐藤政権への〝報復〟であったことは疑いありません。

ニクソンは75年6月3日、佐藤が死去した際、「永い年月にわたって佐藤氏と肩を並べる友人であり得たのは、私に与えられた大きな特典である」と、最大限の賛辞を込めた弔電を送っています。一方で『ニクソン回顧録』には、沖縄返還合意に至った69年11月の日米首脳会談のくだりがすっぽり抜け落ちています。ニクソンにとって佐藤は尊敬すべき日本の友人だったことには違いないが、「あのときのこと」だけは許せなかったのかもしれません。

4・2　財政密約とは何だったのか

「カネで買い戻した」を懸念

沖縄返還に関する密約の中で最も深刻だったのは、沖縄返還にまつわる費用をどちらがどれだけ負担するかをめぐる財政密約でした。

結論から言えば、財政密約は三つの点で問題があります。一つは、71年6月の返還協定で公表された日本側支払い額3億2000万ドルの約2倍相当の財政負担が生じていたこと。二つ目は、協定文書の額を含め、すべての支出が積算根拠のない「つかみ金」であること。三つ目は、米側の使途がほとんど自由裁量に委ねられていたことです。そしてより重要なことは、この密約が米軍の負担軽減につながり、沖縄基地固定化の温床になったことです。

財政密約は大変複雑で簡単に説明することはできませんが、ここでおおまかな経緯をみていきましょう。

沖縄返還に当たっての財政・経済問題の交渉[*1]は、大蔵省と米財務省の間で69年の中頃から始まりました。佐藤―ニクソン会談で返還合意が決まる約半年前のことです。米側の交渉団は財務省を中心に、国務、国防両省や陸軍省、予算局を含めた省庁横断型でしたが、日本は大蔵省が外務省の介入を嫌い、福田《ふくだ》赳夫《たけお》蔵相と柏木《かしわぎ》雄介《ゆうすけ》財務官が全体を仕切ることになりました。

米政府が沖縄返還直後にその経緯を検証した機密指定報告書「ケース・スタディ」では、「福田蔵相には沖縄返還によって得られる佐藤の政治的利益を個人的に共有したいという動機があったのかもしれない」と、ポスト佐藤[*2]を見据えた福田の野心が外務省排除につながったとの推測をしています。実際米側は、最も困難な交渉とされた財政・経済問題を円滑に解決して次期総理の座を固めるという福田の思惑を逆手に取り、さまざまな圧力をかけていきます。

米側の基本方針は、悪化する米国際収支に悪影響を及ぼさないこと、端的に言えば「沖縄返還に当たって1ドルも支出せず、占領下で沖縄に投資した6億〜7億ドルすべてを回収する」ことでした。

69年9月27日、福田はデイビッド・ケネディ財務長官と会談するため、米バージニア州フエアフィールド・ファームを訪れます。なぜ、こんな田舎町でひそかに会談したかというと、沖縄返還前に金銭の交渉をして、「沖縄をカネで買った」との印象が広がることを恐れたためです。実際この会談で沖縄に絡む話し合いをすることは、日本側も佐藤と愛知しか知りませんでした。しかし、その後の展開をみると、「沖縄をカネで買った」という話はあながち的外れではなかったかもしれません。

会談でケネディは、返還に関する費用を日本政府の全額負担とすることなど基本方針に沿った強気の条件を示します。一方、福田は「カネで買った」との印象を避けるために11月の共同声明では、財政・経済問題の細部には触れないよう要望しています。実態よりメンツを重んじたわけです。

佐藤訪米の1か月前の10月21日から始まった実務交渉は、柏木と米財務省のアンソニー・ジューリック特別補佐官が担い、佐藤訪米前に原則合意することをひそかに決めています。そこで米側が出した提案に、柏木は仰天します。それは返還にかかる費用の「一括払い」でした。ジューリックは返還によって日本が受け取ることになる米総資産は6億5000万ドルと指摘。基地の移転費用、米保有資産など大枠は示して見せたものの、個別の資産評価や積算根拠を示しませんでした。米国にとっては総額がすべてで、どこに何を盛り込むかは関心外でした。

柏木はすぐに拒否しますが、別途行われた愛知マイヤー会談でもマイヤーが、渋る愛知に

「それでは（予算がないので）核兵器の撤去ができない」[☆1]と日本側を牽制しました。海の向こうのワシントンでは吉野《よしの》文六《ぶんろく》駐米公使に対し、国務省が「個別の資産評価をしている時間がない」と、首脳会談の日程を見据えたプレッシャーをかけています。省庁一体となって基本方針に沿った交渉を進める米側に対し、日本は、大蔵、外務、首相官邸に統一した戦略はありませんでした。

　首脳会談を目前に控え、財政・経済問題での頓挫は次期総理を狙う福田のメンツにも関わります。福田と相談した柏木は24日、ジューリックに一括払いを承諾しました。

　米側は11月４日、日本政府が国会で説明しやすいように、「民生用資産」「基地移転費」など内訳を示した総額６億ドル台後半のリストを提出。細部の調整を経て12日、福田が了解事項を口頭で読み上げ、首脳会談後に柏木とジューリックが署名することで合意しました。

　その「柏木ジューリック覚書」の内容は以下の通りです。

「民生用の米資産買い取り」　１億７５００万ドル
「基地移転費」　２億ドル
「通貨交換後のドル無利子預金」　１億１２００万ドル

「基地従業員の社会保障費」　３０００万ドル
「琉球銀行などの売却益や米政府の予算節約分」　１億６８００万ドル
合計６億８５００万ドル

ところが71年6月の返還協定で日本側が明らかにしたのは、「民生用の米資産買い取り」１億７５００万ドル、「核撤去費用」７０００万ドル、「軍雇用者への退職金資金」７５００万ドルの、合計3億２０００万ドルだけでした。[*3]

覚書にある「通貨交換後のドル無利子預金」とは、返還後に沖縄で流通しているドルを円に交換すると日本政府がその分のドルを丸々手にすることになってしまうため、それを無利子でニューヨーク連銀に25年間預金するというものです。預金元本は６０００万ドルですから、その分を差し引くと、協定文書の3億２０００万ドルは米政府が受け取る額より3億５０００万ドル少ないことになります。

「基地移転費」のからくり

しかも、これらの内訳にはまったく根拠がありませんでした。すべて米側の「言い値」です。交渉当時、駐米公使だった吉野文六は後年、「米国の（つくった）つかみ金」[☆2]と表現しています。「核撤去費用」とされた7000万ドルも、実際は5000万ドルで10分の1以下でした。

なぜ、このようなことになったのか。そこには日米双方の都合がありました。協定文書の日本側説明の3項目は、いずれも沖縄が返還される際の〃必要経費〃として説明が付きやすい名目です。「民生用資産」とは米側が建設した道路などの公共施設であり、「琉球銀行などの売却益」も米援助で設立されたことから国民に理解が得やすい。「核撤去費用」は実際に核が撤去されることを鮮明にするためにも、費目として挙げたかったのでしょう。しかし実際の額が小さいため、この費目に他のさまざまな米側の要求を混ぜ込んだのです。日本政府にとって、この方が国会で説明がしやすいためでした。

一方、米側は返還協定の財政・経済取決めでさまざまな策を弄しています。沖縄密約に詳しい我部《がべ》政明《まさあき》・琉球大名誉教授によると、その最たるものは「基地移転費」です。これは返還に際して沖縄の基地が大規模に移転することを想定したものではありません。念頭にあるのは沖縄の基地移転ではなく、第5章で詳述する本土での米軍再編でした。この時期、本土では板付飛行場や立川基地の空軍施設などの返還が計画されていましたが、米側はこの費目によって本土の代替施設を日本負担で建設することを狙っていました。

米側が「移転費」に埋め込んだのは、これだけではありません。この費目の正式名称は「返還に関連する基地移転費及びその他の費用」。「その他の費用」とは、この費目が「移転費」だけでなく、基地の修繕・改築・維持など、さまざまなことに使える余地を残したものでした。

返還協定交渉の最終盤では、国頭村《くにがみそん》にあった米公共放送ボイス・オブ・アメリカ（ＶＯＡ）通信所の移転費[*4]１６００万ドルと、西山事件[*5]で問題になった軍用地の原状回復費４００万ドルの計２０００万ドルも日本側の財政負担とする密約が交わされています。

吉野は後年の密約情報開示訴訟で、次のような陳述書を提出しています。

「佐藤首相が『沖縄は無償で帰ってくる』と発言していましたので、日本が米国に代わって支払うということは難しかったのです。ところが、予算を出す大蔵省の柏木雄介財務官から、日本が負担することで処理してほしいと要請されたのです。（中略）３億２０００万ドルのうち、７０００万ドルは核撤去費用でした。核撤去のためにそんなに費用がかかるはずがなく、これは米国が自由に使えるものでした。したがって、その７０００万ドルの一部を補償費（原状回復費）４００万ドルに充てることは予算面では何の問題もないことだったのです[☆3]」

一方、米交渉団で財政・経済問題の法律顧問を務めたチャールズ・シュミッツは２０１５年6月、朝日新聞のインタビューで「ルイジアナ購入[*6]以来の最良の取引だった。なぜなら、必要なものはすべて手にしたから」と語っています。

こうした〝偽装〟がなぜ行われたのか。それは先に触れたように、日本政府が国会での追及を恐れたためです。正直に書くと、地位協定などの規定から逸脱する費目が多い。しかもすべて合算すると公表額の2倍になり、「沖縄をカネで買った」と言われかねないからでした。そして何よりの恐怖は、財政・経済問題が妥結しないと、69年11月の首脳会談での返還合意がご破算になりかねないという「時間の圧力」でした。

密約隠蔽で変わった歴史的評価

米議会は１９７１年秋から、沖縄返還協定の批准に向けて協定内容を審議しています。しかし、米側が受け取る金額が協定に書かれた3億２０００万ドルよりはるかに多額で費目も異なることは、傍聴人を排除した秘密会で開示されました。オープンな会議だと日本政府が公表した事実と異なることが明らかになってしまうためです。

返還に当たって日本政府に配慮した米国ですが、一連の密約文書は情報公開に積極的なクリントン政権時代の１９９０年代になって、米公文書館で一気に開示が進みました。98年には、琉大の我部教授が米公文書館で軍用地の原状回復費４００万ドルを日本政府が肩代わりしていたことを示す機密文書を発見。２００６年には吉野文六が北海道新聞の取材に対し、当事者として初めて文書の内容を認めるなど、密約の存在は疑い得ない状況になりました。

ところが当時の安倍晋三官房長官は、「まったくそうした密約はなかった」と否定。西山《にしやま》太吉《たきち》が起こした国家賠償請求訴訟でも「20年の除斥期間（民法上の時効）を過ぎている」として、最高裁は密約存否の判断を避けて請求を棄却しています。２００８年９月、学者らが行政情報公開法に基づき密約文書３通の開示を求めた際にも、外務、財務両省は対象文書の不存在を理由に不開示を決定しました。

密約の全容がほぼ明らかになったのは、09年に民主党に政権交代した後、外務省と外部の有識者委員会が過去の公文書を調査した結果でした。しかし、その際も米国で開示され、日本側にもあるはずの密約文書の多くは見つかっていません。有識者委員会は日本側では作成されなかったと推測していますが、10年12月には毎日新聞が密約文書焼却の痕跡を示すメモがあったことを報じる[*7]など、実態は今日に至るもよくわかっていません。

外交において二国間で密約が交わされることはそう珍しくありません。トップが自身の政治的な立場のみを考えて結ぶ密約もあれば、長期的な視点で見て、国益を損なわないためのものもあるはずです。だから一概に「密約＝悪」とは言い切れない。読者の皆さんも多くの方はそう考えるのではないでしょうか。

問題は密約そのものよりも、時間が経過してもそれを隠し通すことにあるはずです。密約を結んだ当時の政府の判断がやむを得ないものだったのかどうか。それを検証する担保があって、はじめて密約の是非が判断されるのでしょう。

核の再持ち込みや土地の原状回復費の肩代わりなど、沖縄返還に関する密約も、後にそれを冷静に見れば是非の判断は分かれるのかもしれません。しかし、密約を隠し通すとなると、それは国益とは別の政府の自己保身と判断せざるを得ない。沖縄返還交渉の歴史的評価は、密約へのその後の対処の仕方で大きく変わったことは否めません。

第5章 半世紀の検証

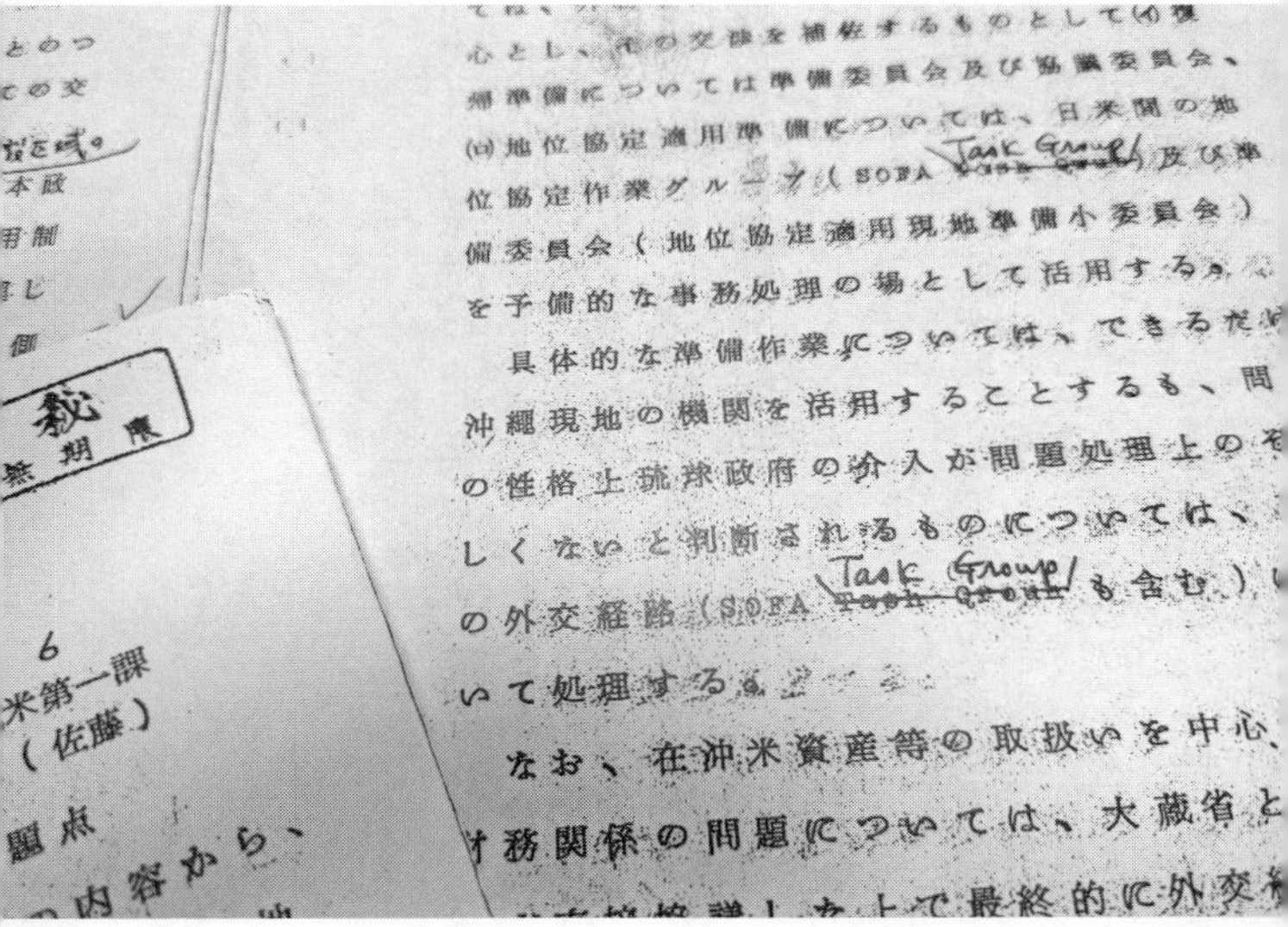

「琉球政府の介入が問題処理上のぞましくないと判断されるものについては、東京の外交経路において処理する」と記した外務省北米一課の内部文書

5・1　なぜ「基地縮小」論は葬られたのか

〝現状維持〟を早々に容認

最終章は、50年前の沖縄返還交渉が現在の日本社会や日米関係にもたらしているさまざまな問題を検証していきます。

返還交渉で期待され、しかし現在も果たされていない最大の課題は「沖縄基地の縮小」でしょう。沖縄の民意が「核撤去」と同じくらい、あるいはそれ以上に「基地の縮小」を望んでいたことは第1章で示した琉球新報の世論調査などで明らかです。

屋良朝苗主席は返還交渉が本格化する以前に何度も上京し、愛知外相や木村官房副長官に「沖縄基地の密度」を本土並みにするよう請願しています。「核抜き本土並み」という佐藤栄作の交渉スローガンを権威付けした沖縄基地問題研究会も、「返還前の基地整理・統合を進めることが望ましい」と報告書で提言しました。

しかし佐藤は、米国との交渉で「早期」の返還と「核」の撤去を優先し、「基地縮小」は議題にすらしませんでした。それは第1～第2章で記した通り、総選挙など自らの政治日程や安保条約の継続期限を念頭に「早期」の返還合意を取り付けたい佐藤が、米国の基地縮小懸念を早々に取り払ったためでした。

九州大学の中島琢磨准教授は、「(沖縄への) 安保条約の全面適用自体、日本側の主張を通すのが大変難しい交渉であり、これらと基地の規模の問題とを一緒に交渉することは、交渉の方法としては不可能であった。仮にそうしようとしていれば、施政権返還の合意は成立しなかった[☆1]」と指摘しています。

一方、沖縄近現代史に詳しい沖縄国際大学の野《の》添《ぞえ》文《ふみ》彬《あき》准教授は筆者のインタビューに、「基地縮減のチャンスはあった。しかし交渉の最前線に立つ外務省が米側の表向きの固い態度を真に受けて屈してしまった」と分析。琉球大学の我部名誉教授も、「米国は海外基地の安定的維持の観点から地元世論の動向を極めて重視していた。日本側が沖縄世論をしっかりくみ取り、それを背景に米側と向き合っていれば基地の在りようは変わっていたかもしれない」と話しています。

世論といえば、基地研のメンバーも、「沖縄の世論の帰すうに従うということ一本で強力に推進することが (対米交渉では) 得策」などと指摘していました。実際、米政府が沖縄返還に応じた大きな動機は、沖縄の反基地・反米の世論の盛り上がりでした。しかし、これまで見てきたように、佐藤や外務省は交渉の過程で一貫して沖縄世論の反映を避けていました。交渉に関与させなかったばかりでなく、68年には半数近くが「時間をかけても基地を本土並みにして復帰を図るべきだ」と回答した内閣官房の世論調査を封印しました。69年夏には沖縄民意反映のための国政参加選挙[*1]を与党自民党が認めず、返還合意後に先送りしています。

たしかに事前協議の適用や核、財政負担の問題に加えて、基地縮小まで議題にすれば早期合意は難しかったでしょう。しかし「早期合意」と「核」を優先し、基地をめぐる米国との意見衝突を回避したことは、その後半世紀に及ぶ沖縄基地問題を生み出し、国内政治を揺さぶり続けることになります。少なくとも日本政府が交渉の中で、沖縄に基地が集中することに問題意識を持っていることを米側に植え付けておく必要はあったのではないでしょうか。

〝障害物〟扱いされた沖縄民意

佐藤自身は、沖縄の基地縮小論についてどう考えていたのでしょう。

69年1月6日の「下田武三駐米大使総理報告」と題した外交文書の中で、佐藤は下田に対し「(日本)全体の中の沖縄の役割をうすめる余地があるはずだ」と述べています。同席した佐藤の腹心の保利茂官房長官も、「本土の基地が充分機能し得る基地たらしめる要あり」

と同調しました。これは将来的に沖縄の基地を縮小させ、本土を含めた日本全体で安全保障を担う考えを示したものです。「沖縄の基地は必要だが、その負担は本土でも分かち合える。そのためには国民の啓蒙が必要」という「本土分担論」は、68年夏の基地研会合で議論になっており、佐藤はこの影響を受けていた可能性があります。

しかし、それは自身の政治日程や米側の固い態度から、返還交渉の段階では難しい。佐藤がひそかに期待したのは、返還合意後から実際の返還に至るまでの間に細かな条件を定める返還協定交渉の中でどれだけ基地縮小がかなうか、という点だったようです。ただし、それは沖縄民意を重視したというよりも、「返還されても基地はそのままか」という野党や本土の世論を意識したものでした。

結果的に佐藤の目論見は挫折します。皮肉なことに、それは沖縄民意を遠ざけたためのツケでした。

69年11月の返還合意直後、外務省の千葉北米一課長は訪沖して屋良に合意までの経過を説明しました。千葉が作成した公文書「総理大臣訪米成果に関する対屋良主席説明」で千葉は、基地縮小が共同声明に明記されていない点について「当方より地位協定の施行により解決すべき問題であるが、復帰準備段階でも米側と充分意思を疎通する機会はある、と述べておいた」と記しています。その場限りで、お茶を濁すような書き方が気になります。

千葉は課長当時、15回も訪沖するなど沖縄に寄り添う姿勢をみせた数少ない外務官僚でした。ただ外交文書からは、彼でさえ沖縄返還をいかに軟着陸させるかを優先していたことがうかがえます。

外務省が返還交渉の過程で沖縄民意の介入を嫌っていたことは先に記しましたが、返還合意後もそれは変わりませんでした。70年5月6日の北米一課の内部文書「沖縄返還に関する対米交渉の進め方（試案）」（省扉の写真を参照）では、琉球政府への不信感をあらわにした記述があります。文書は「琉球政府は法的には米国政府の下にありながら、政治的には米国の命令に服さず、しかも本土政府に対しても『県益』確保の見地から、時に非協調的姿勢をとりがちな傾向にあるため、琉球政府のとり扱いについては十分注意する必要がある」と指摘。さらに「琉球政府の介入が問題処理上のぞましくないと判断されるものについては、東京の外交経路において処理する」と記していました。地元沖縄の民意をあくまで交渉の〝障害物〟とみなすような書き方です。

米側はそもそも、沖縄の民意が暴発することを恐れて返還交渉に応じたのですが、その民意を日本政府が代弁しない以上、沖縄の基地を縮小する理由はありませんでした。

加えて、当時のニクソン政権では「沖縄」の重要性をより高める状況が起きていました。それは、沖縄返還と同時に進んでいた米中関係改善の動きでした。前述の通り米国にとってはベトナム和平に向けて、北ベトナムの後ろ盾である中国との関係改善が焦眉の急でした。そのためには、台湾から米軍兵力を削減することが重要な課題でした。当時の外交文書には、「兵力を台湾より沖縄に駐留させた方が緊張は少ない[☆2]」とのスナイダーの発言が記載されています。また、ジョンソン政権時代から続く在韓米軍削減計画も、沖縄基地との関係で語られるようになっていました。

駐米日本大使館書記官の木内昭胤《きうちあきたね》は70年11月、米高官のこんな言葉を千葉宛の書簡で送っています。[☆3]「施政権はかえしたが、太平洋の第7艦隊と並び称される不沈オキナワのバスチオン（要塞）はかえしたおぼえはない。（中略）軍事基地の整理などは論外である。満額日本に負担金を出されても動くのはいやだ」。アジアでの国際情勢の変化が、皮肉にも沖縄基地の相対的価値を高めていたのです。

基地縮小がいっこうに進まない事態に業を煮やした屋良は70年1月の年頭会見で、財政負担軽減のために米側が進めていた基地雇用者の解雇について撤回を求めない考えを表明します。解雇を受け入れることで基地縮小の要求を強めて政府を揺さぶろうという捨て身の策でした。しかし、解雇に反対する全沖縄軍労働組合（全軍労）は1月8日、米施政下で初の48時間ストに入ります。屋良の奇策は結局、沖縄内部の矛盾をあらわにしただけでした。

「批准」盾にした米側

ただ、米政府や軍部が沖縄基地の維持で一枚岩だったわけではありません。70年12月22日のニューヨーク・タイムズは、「西太平洋の米軍関係者の多くは1972年の沖縄返還が米軍の沖縄からの完全撤退への第一歩になると感じている」と報じています。それは巨額の投資を続けることに伴う財政問題だけでなく、沖縄の民意が依然不穏なためでした。

記事の2日前に起きたコザ暴動は、その一例です。12月20日未明、コザ市で米軍人が起こした人身の交通事故を目撃した周辺住民がこれに怒り、停めてあった米軍の車両80台あまりに火をつけ、市街地は大混乱になりました。暴動の3か月前、糸満町（現糸満市）であった米兵による飲酒死亡事故で、加害者の米兵が無罪になったことが背景にありました。

日本政府はこれが沖縄民意に火をつけ、返還協定締結に影響することを懸念します。愛知は暴動の2日後、マイヤー駐日大使に「沖縄基地の全般かつ詳細な再検討」の実施を求めました。一つひとつの基地の妥当性審査をアピールすることで世論の鎮静化を図ったのです。

一方、屋良は71年1月に那覇空港、那覇軍港の返還など、沖縄側の最低限の要求を日本政府に突き付けます。愛知は3月、マイヤーに対し「那覇市内に所在するような目立つ基地の返還[*2]」を要請。屋良の要望に沿って、那覇空港、那覇軍港、牧港米軍住宅、与儀貯油施設の返還を求めました。ただ、愛知は同時に「日本側は出来る限り米側、特に軍部の気持ちを不要に刺激しないよう配慮して来ている」「政府としては国会において米軍に提供する施設区域、部隊等につきディフェンドする立場にある」[☆4]とも述べています。さらに愛知は5月の国会で沖縄の基地を、「A：復帰後も継続提供する施設」「B：近い将来返還される施設」「C：復帰までに返還または縮小される施設」の3つに区分[*3]することを明らかにしています。

那覇空港の返還には、常駐する対潜哨戒機P3をどこに移転するかが大きな課題でした。このとき福田外相はマイヤーに「本土への移設は困難[☆5]」として、米側に沖縄の別の基地への移設を打診しています。江崎《えさき》真澄《ますみ》・防衛庁長官も国会で、「沖縄の基地は相当広いのですから、（中略）沖縄で解決してもらう」[☆6]と答弁し、結局嘉手納基地に移すことが決まりました。

この経緯を見ると、沖縄基地の縮小は必要だが、引き受け先を本土まで広げることは避けたいという、本土政治家のホンネがうかがえます。

71年10月29日の沖縄国会で佐藤は、「早く返ってくることが何より大事。基地縮小は今後の問題」と、事実上の〝白旗〟を上げています。そこには、ぎりぎりまで基地縮小を追求して沖縄民意に応えようという執念はありませんでした。第1章で記したように、沖縄返還が佐藤自身の思い入れから発したものではなく、恩師の吉田茂から授かった「政策課題」にすぎなかったためなのかもしれません。

そして11月17日午後3時14分、衆院特別委員会で沖縄返還協定関連法案は強行採決されます。基地縮小を求めた１３２ページ、５万５０００字に及ぶ「建議書」を携え、国会で最後の訴えをしようと屋良が羽田空港に降り立ったのは、まさにその頃でした。[*4] 沖縄民意は最後まで遮断されたままでした。

結局、沖縄県内の基地・施設１３３（当初は１３４）のうち、72年5月15日の本土復帰日に返還の「C」は33（34）、近い将来の返還の「B」は13（12）、存続する基地「A」は87（88）。面積にすると基地全体の14％に当たる約50平方キロが返還され、約１９６平方キロが残る結果となりました。返還の数はそこそこなのですが、対象施設はほとんどが憲兵隊詰所や名ばかりの休眠施設で、嘉手納基地や普天間飛行場など、主要施設はすべて継続使用が決まりました。

マイヤーは後に、「日本の政府当局者がわれわれに対してひそかに、協定文書（案）で合意されたよりも多くの施設を返還するよう懇請してきたが、これに対しては、これらの文書はすでに上院で批准されるばかりになっていることを指摘した」と記しています。[☆7]米側は沖縄返還合意が覆されかねない米議会の「批准」[＊5]を盾に、日本側の要請を跳ね返していたわけです。

69年までの交渉で「早期返還」や「核撤去」を人質にされ譲歩を続けた日本政府は、結局協定交渉でも、「米議会の批准」を前面に出す米側に屈する形で基地縮小をめぐる真っ向からの議論を避けました。協定交渉で一定の成果を目論んだ佐藤の思惑は、こうして打ち砕かれました。その背景には、「繊維問題の約束不履行」という佐藤が抱える〝弱み〟も見え隠れします。

沖縄返還は、戦争で奪われた領土の返還を平和裏に実現した点で「日本外交の金字塔」と評する見方もあります。ただこの時、基地縮小という沖縄民意を遮断し、米側との意見衝突を回避した政府の姿勢は、〝対米従属〟といわれるその後の日米関係を決定づけていきます。

返還日に怒りの紙面

72年5月15日の沖縄返還の日。交渉を通じて民意が反映されなかった沖縄の恨みは、歓びの日であるはずのこの日の地元紙の紙面に端的に表れました。

琉球新報の一面トップの主見出しは、「変わらぬ基地　続く苦悩」。中央に「いま　祖国に帰る」とした以外は、「沖縄県　きびしい前途」「なお残る『核』の不安」と、怒りをにじませた文言が並んでいます。沖縄タイムスは主見出しこそ「新生沖縄、自治へ第一歩」と前向き感を出しましたが、脇見出しでは「復帰協は抗議大会開催へ」として、日本政府に本土復帰を訴え続けた沖縄県祖国復帰協議会が、返還の在り方に抗議する大規模集会を開催することを伝えました。

基地関係では、琉球新報が三面トップで「米軍に87基地を提供」の見出しを掲げ、「沖縄米軍の基地機能は復帰前とほぼ同様に維持されることとなった」と指摘。沖縄タイムスも中面で「機能拡大された沖縄基地」との解説記事を掲載し、夕刊一面では「問題残す基地存続」と、県内の怒りの声を紹介しています。

では、沖縄の基地はその後どうなったのでしょうか。

沖縄県によると、復帰当時の沖縄の米軍基地の総面積は約２８０平方キロ（前項と数字に差異があるのは「基地」の定義が異なることなどによる）。半世紀後の今日の最新データは、約１８０平方キロで、３割以上減っています。たしかに、歴代自民党政権は那覇市近郊など都市部の基地施設の返還を求め、米軍もそれに一定程度応じてきました。ただ、その中身をみると、どうも数値ほどの変化はないようです。基地返還の目玉とされた那覇空港も、実はしばらくの間、施設管理権は米空軍が持っていました。それが完全に日本側に移管されたのは、10年後の82年４月でした。88年には、敷地の一部を再び米空軍に管制施設として提供しています。那覇軍港は米側が代替施設を求めたため頓挫、半世紀後の現在もいまだに完全返還されていません。

もう一つの目玉だった牧港地区米軍住宅も、全面返還が実現したのは87年。その後、那覇新都心として観光名所にもなりますが、日本側が「政治的配慮が必要」としたこうした施設でさえ、完全返還まで10年以上かかっています。このほかの返還された施設も、もともと日本側に提供されていたものや休眠施設が多く、３割以上減ったというには実態を伴っていないようです。

もう一つ、不思議なデータがあります。復帰当時の沖縄駐留の軍人・軍属・家族数は約４万２０００人でした。この数字は復帰後も徐々に増えていましたが、米軍はここ数年、数値を発表しなくなりました。沖縄県が実情を知ろうと手を尽くし、米国防総省系の資料などから２０１１年６月時点では４万７３００人であることが明らかになりました。米軍発表の数値と単純比較できるかどうか分かりませんが、少なくとも施設面積が減少しているほど軍関係者数は減ってはいないのです。

付言すると、日本国内すべての米軍基地に占める沖縄の割合も、復帰当時の58・7%から70・3%に上がっています。これはどういう理由でしょうか。次項でこれを検証します。

5・2　本土の基地はなぜ減少したのか

ニクソン・ドクトリンと沖縄の「受け皿」化

この項では沖縄返還交渉と同時並行して進んでいた米軍再編計画と、それがもたらした日本への影響について見ていきます。この再編計画は、返還後の沖縄と本土の〝分断〟を加速させるきっかけとなりました。

ニクソンは1969年7月25日、グアムでの記者会見で「同盟国の自由または米国の安全が脅かされれば核の傘を提供するが、その他の侵略は基本的に各国の自衛の努力による」と述べました。70年2月18日にも外交教書で同様の趣旨を公表しています。これらはニクソン・ドクトリンと呼ばれ、安全保障分野での同盟諸国の自助努力を促し、米国が財政負担を軽減するための基本戦略となりました。

ニクソン・ドクトリンは、同時並行で進んでいた沖縄返還交渉や日本本土の基地再編にも大きな影響を与えています。前にも触れましたが、本土では68年、米原子力潜水艦ソード・フィッシュ号の放射能漏れ事故[*1]や、米軍機の九大構内墜落事故など米軍に絡む事件事故が相次ぎ、ベトナム反戦運動とも連動して反基地闘争が活発化しました。ジョンソン大使は11月、反米気運が高まる日本の世論を分析し、「多くの人々が本土基地の削減を望んでいる」とした報告書を国務省に送っています。

一連の事故はニクソン・ドクトリンの前ですが、米側はいち早く本土基地の削減に着手しました。12月23日に開かれた第9回日米安全保障協議委員会では、本土の基地・施設の返還や移転を迅速に実行することで合意し、21施設の返還と50施設について統合整理を行うことが決まります。米側には基地の返還や集約によって本土世論の鎮静化を図るだけでなく、沖縄返還交渉の中で主張した防衛上の「役割分担」を日本側に促す狙いがありました。

米上院外交委員会では、69年1月から日本本土などの基地・施設の整理縮小を検討するサイミントン委員会[*2]が連日開かれていました。そして3月3日、スタンレイ・リーサー陸軍長官が陸軍省の声明を議会に提出します。それは太平洋地域の陸軍の補給基地を沖縄に一元化し、本土の補給基地をほとんど閉鎖するという内容でした。これをきっかけにしたかのように、本土の基地・施設の整理統合計画は沖縄が「受け皿」となり、沖縄の基地群は返還を前に戦略的重要性を高めていくことになります。

米政府は3月6日に、在日米陸軍をほぼ全面撤退させる意向を日本側に伝えました。相前後して国務省は、国防予算が40億ドル削減されたことに伴い米国内と海外に展開する基地371箇所を閉鎖・統合縮小すると発表しています。欧州を重視する一方、直接侵略される危険性の低いアジアでの陸上施設を減らす趣旨でした。[☆1]

慌てた日本政府

あまりに急激な米国の戦略転換に驚いたのが日本政府でした。返還交渉を通じて米側から安全保障面での役割分担や防衛責任の拡大を求められ、佐藤もそれに同意していたのですが、政府内の意識改革は進んでいませんでした。

70年10月、渡米した岸信介はニクソンと会談し、ニクソン・ドクトリンへの理解を伝える一方で、米軍のアジアからの急激な撤退に懸念を表明しました。ニクソンは岸への返事もそここに話題を変え、「繊維問題は貿易戦争」と不満を漏らしています。繊維輸出の自主規制で合意したはずの佐藤が、いまだ約束を実行していないことに怒っていたのです。

11月17日、ゴードン・グラハム在日米軍司令官は中曽根《なかそね》康弘《やすひろ》・防衛庁長官に対し、在日米軍の3分の1に当たる1万2000人の撤退を伝達しました。12月2日には日米の事務レベル協議で、三沢、横田両基地のファントム6飛行隊108機を韓国と沖縄の嘉手納基地に移駐する計画が伝えられています。日本政府は米軍が過度に撤退することがないよう申し入れましたが、米側は聞き置くとしただけでした。

　この日本政府の慌てぶりは、米側にとって好都合でした。反基地闘争が盛んな本土の基地機能を、返還が決まった沖縄に移駐することについて日本側が異議を唱えにくくなったからです。返還される沖縄では基地縮小を求める民意があり、日本政府も返還協定交渉の中での実現を目指していましたが、その可能性が遠ざかった。もっとストレートに言えば、それどころではなくなったのです。

　米側の急激な戦略転換は、日本政府、特に米軍依存体質が強い外務省、防衛庁幹部の「見捨てられ不安」を呼び覚ましました。そしてそれが、日米の妥協の産物として沖縄を本土基地機能の「収容先」とすることにつながっていきます。ニクソン・ドクトリンに伴う米軍再編計画が当初からそうした対日戦略のもとに行われたわけではありませんが、結果的にそれが〝ショック療法〟となり、本土の人々からは見えない形で沖縄への負担増が進んでいきました。

そして、沖縄返還の日取りを決める72年1月の日米首脳会談と並行して行われた日米外相会談で、ある計画が日本側に伝達されます。

返還前に本土から駆け込み移転

72年1月11日の新聞各紙は、沖縄返還の日取りを同年5月15日に決め、〝凱旋〟した佐藤首相の帰国を一面トップで一斉に報じています。タラップで誇らしげに手を振る佐藤の写真。その脇には、返還問題とは直接関係のなさそうな奇妙な記事がありました。

「関東地区の米軍施設、横田に集中の方針」。佐藤と同行してロジャーズ国務長官と会談した外相の福田赳夫が帰国直後に公表した、「関東計画」と呼ばれる米軍再編計画でした。

福田は外務省での記者会見で、「国務長官との会談で、本土の米軍基地を整理・統合することで一致をみた。関東平野の米軍基地を整理し大部分を横田基地などに統合する」と述べました。福田は詳細を語りませんでしたが、それは米側から全体像を十分知らされていなかかったという事情もあったようです。

「関東計画」は、日本側の意向が強く反映されたものでした。米公文書によると、68年9月の日米安全保障高級事務レベル協議（SSC）で、外務省は「基地が政治的摩擦を生じさせている理由は、それが都市と工業地帯に集中していること」を挙げ、人々の視界からできるだけ外れる地域に置くことを提案しています。その後の米国の基地再編計画はこの提案を重視し、全国に散らばる基地の集約と都市部の基地機能を、人口の少ない地域へ移管することが基本線となりました。「関東計画」はその一環でした。

この計画はその後日本側と調整され、73年1月に立川、府中など都市部にあった7つの基地の返還が決まります。一方、その受け入れ先となる横田のスペースを確保するために、ファントム部隊の沖縄・嘉手納基地への移管が正式に決まりました。

この時期の基地機能の沖縄移管計画は、これだけではありません。米公文書や当時の新聞報道をまとめると、米国は70年7月に韓国駐留の工兵隊を沖縄に統合することを決定。9月にはベトナムの海兵隊を順次沖縄に移管することを日本側に伝えています。沖縄の海兵隊兵力は67年の約1万人から、返還直前の71年には約1万7000人に膨れ上がっています。さらに、厚木飛行場のヘリ混成部隊や板付飛行場の航空隊も普天間を中心とした沖縄の基地群に移されるなど、復帰直前の沖縄に駆け込み的な移管がなされています。米側がこの時期に移管を急いだのは、日本政府との協議が必要な日米地位協定の適用前であることを意識したとみられます。

当時の米軍再編の実態を研究している東京工業大学の川名《かわな》晋史《しんじ》准教授は筆者の取材に、「沖縄が本土兵力の〝収容先〟として位置付けられたことは間違いない。本土から近からず遠からずの位置にある沖縄は、極東での米兵力維持と日本政府の不安を鎮める重要な解だった」と指摘。日本政府がどの程度把握していたかについては、「外務省は米軍再編の全体像までは知らされていないだろうが、返還交渉の傍らで沖縄に基地機能の移転が進んでいることを承知していたはずだ」と分析しています。

政府案に基づいて沖縄が返還されるには、返還協定案が国会で承認される必要がありました。実際の承認は71年11月。基地縮小を求める沖縄民意の中で、基地縮小どころか沖縄の基地機能が強化されている実態が明らかになることは、佐藤政権にとって都合の悪いことです。米軍による本土から沖縄への基地機能の移転について、日本政府は見て見ぬふりをしていたというのが実態ではないでしょうか。

「トウキョウが積極的に受け入れた」

日本政府は果たして「見て見ぬふり」をしていただけでしょうか。その点に疑問を抱かせる記録が日米の公文書には残っています。

米軍再編計画の焦点の一つは海兵隊の問題でした。71年に沖縄の海兵隊兵力が1万7000人まで拡大したことは先に記しました。一方で米政府内では、この兵力の維持費が問題になっていました。米公文書によると、72年当時、国防、国務両省を中心に沖縄やハワイに展開する海兵隊を米西海岸のサンディエゴに統合する案が浮上。[*3] 駐日米大使館も「(海兵隊を)前方配備することが米国の利益なのかどうか」[☆2] と問題提起するなど、沖縄からの撤退論が唱えられていました。

ここでも、外務、防衛官僚たちの「見捨てられ不安」が持ち上がります。73年7月の日米安全保障条約運用協議会（SCG）[*4] でのこと。防衛庁の久保卓也《くぼたくや》防衛局長は、「アジアにおける機動戦力の必要性を考慮すると、海兵隊は維持されるべきだ」[☆3] と米側に訴えます。同席した外務省の大河原良雄《おおかわらよしお》北米局長も、「(海兵隊は) 米国の安全保障上の信頼性を維持するための手段」と述べて、海兵隊の撤退が日米の信頼関係を損ないかねないことを指摘しました。

実はこの頃、防衛庁長官だった中曽根康弘や山中貞則、外相の大平正芳《おおひらまさよし》[*5] らは、「米軍の基地の規模について速やかに点検し、私たち自身が積極的に（基地縮小を）進めていくべきだ」（73年6月の参院決算委員会での山中答弁）などと、米軍基地の削減を進める考えを明らかにしていました。中曽根らは米軍依存を脱して自衛隊を中心に自主防衛態勢を整備すべきとの立場で、山中は米側に対しても、「ベトナム戦争後は沖縄の海兵隊基地は必要ないはずだ」と直言しています。つまり、山中の指揮下にあるはずの防衛、外務官僚らが実務協議の場では真逆の発言をしていたことになります。

久保は防衛庁きっての理論家で、中曽根らの自主防衛構想に対し、規模ではなく質を重視した「基盤的防衛力[*6]」を提唱しています。これは安保条約と日米同盟を外交の基軸とする、〃安保族〃といわれる外務・防衛官僚の理論的支柱になっていました。久保は71年2月の論文で、米軍が日本に駐留していないと「人質がないので事実上米軍が自動的に（有事に）介入することにならない[☆4]」と記しています。

米国が久保らの真意をどこまで見抜いていたかは分かりませんが、駐日米大使館は〃安保族〃の不安をそのまま同盟国の懸念と受け止め、本国に報告しました。これを受けてキッシンジャーは73年8月、ニクソンに「アジアでの十分なプレゼンスの維持は、アジアの安定の上で極めて重要であることが分かった[☆5]」と伝え、沖縄の海兵隊兵力は維持されることになりました。

〃安保族〃はこれと並行して、今日につながる米軍の〃つなぎ止め工作〃を行っています。

72年12月、外務省は駐日米大使館と米軍再編に関する非公式協議を行いました。その中で松《まつ》田《だ》慶文《よしふみ》・北米局安全保障課長は、米軍基地の整理統合を前提に「日本政府は米軍のプレゼンスを支援するために財政的に貢献する追加的な方法を考慮する」[☆6]と述べています。これは、米軍の駐留経費の一部を日本側が負担する方向性を示唆したものでした。翌73年1月、日米安保協議委は基地内の施設改善、改造を日本負担で行うことを決めます。後の「思いやり予算[*7]」の原型がここにありました。

日米地位協定24条では、米軍基地を提供するため必要な地権者への補償などを日本側が負担する一方、それ以外のすべての維持経費は米側が負担すると規定しています。外務省は、米側がアジアからの兵力削減理由としてコスト論をしきりに強調していたことを背景に、この24条の柔軟解釈に踏み込みました。87年度からは解釈の柔軟化には限界があるとして、日本人雇用者の労務費や光熱費などを日本側負担とする特別協定を米側と順次交わしています。

こうして、沖縄の基地群は縮小どころか本土からの移管によって機能強化され、日本政府の財政負担によって固定化されていきました。沖縄返還に最も抵抗した米統合参謀本部は後に返還交渉を次のように総括しています。

「沖縄返還は当初予想されたような米軍基地の移転には至らなかった。返還後の数年間で、トウキョウ（日本政府）が沖縄の現在の米軍レベルを積極的に受け入れようとしたからだ」[☆7]

5・3　尖閣問題はなぜ起きたのか

返還直前に台湾が抗議

ここまで、沖縄返還交渉が戦後の日米関係の大きな転換点となった経緯をみてきました。実は現在の日中関係の大きなトゲとなっている尖閣諸島問題も、沖縄返還交渉がある種の起点となっています。この項では、その経緯と問題の所在について考えていきます。

日本の総理大臣は、就任するとすぐに米大統領と電話会談をします。外交の基軸に日米同盟があるとの考えからですが、そこで必ず取り上げられるのが尖閣の話です。20年11月の菅《すが》義偉《よしひで》—ジョー・バイデン（この時点ではまだ次期大統領）会談、21年10月の岸田《きしだ》文雄《ふみお》—バイデン会談でもそうでした。会談終了後には外務省報道官は記者団に、「大統領から『安保条約は尖閣にも適用される』との言葉があった」などと説明します。そして主要紙はほぼすべて、「尖閣への安保適用言及」などと見出しを取ります。

読者の皆さんは不思議に思いませんか。なぜ、「安保の適用」なのでしょうか。どうして大統領から「尖閣は日本の領土」だとストレートに言質を取らないのでしょうか。それは米国が尖閣を日本の領土であると公言したことがないからです。

この問題の根っこには、半世紀前の沖縄返還直前のドタバタがありました。

その前に、１９５１年９月のサンフランシスコ講和条約での沖縄の扱いを確認しておきましょう。第１章で触れたように、講和条約３条で日本は、米国が国連に対し沖縄を信託統治制度の下に置くよう提案することに同意しました。そしてこの提案が国連で可決されるまで、米国が沖縄に対する施政権を持つことにも同意しています。しかし米国は結局、信託統治の提案をしないまま、ずっと沖縄を統治することになります。

どうして米国は、このようなまどろっこしいことをしたのでしょうか。１万２０００人以上の戦死者を出して勝ち取った沖縄を、なぜ領土としなかったのか。それは１９４１年８月に米英で合意した大西洋憲章で戦争による領土の不拡大を宣言していたからであり、同時に北方領土を実効支配するソ連を牽制するためでした。それでも、極東の戦略拠点である沖縄の基地は維持したい。そこで編み出されたのが、「領有権」と「施政権」の分離でした。
領有権でなく施政権であれば、大西洋憲章にも抵触しません。施政権を保持するには、日本にぼんやりとした主権（領有権）を認めた上で日本から施政権譲渡の同意を取り付けるしかない。それが対日講和条約の際に、「日本には沖縄の潜在主権がある」と述べたジョン・フォスター・ダレス米大統領特使の真意でした。

72年の沖縄返還もあくまで「施政権」の返還であり、「領有権」ではありません。「領有権」は潜在主権として、もともと日本が持っていたという理屈です。一方、当時台湾は尖閣の領有権を主張し、蒋介石は米国に対し「尖閣を含めた沖縄の返還には反対する」と繰り返し抗議していました。尖閣のことなど念頭になかった米国は、どちらが領有権を持つかには関与しないことを明らかにしています。米議会には親台湾派の議員も多く、ニクソン政権がそこに配慮したためです。

大陸中国は当初、尖閣への関心を示していませんでしたが、69年に国連アジア極東経済委員会（ＥＣＡＦＥ）の資源探査で尖閣周辺に海底油田が存在することが分かると、その領有権を主張し始めます。論拠は「台湾省は中国の一部であり、その台湾省につらなる尖閣諸島は中国の領土」というものでした。[*1]

中国と国交を結んだ米国は、引き続き尖閣の領土問題には関与せず今日に至っています。米国が尖閣への安保適用を認めるのは、安保条約5条が「日本国の施政の下にある領域」への「武力攻撃」に対する共同防衛をうたっているためで、米国は領有権まで認めたわけではありません。

外務省の不作為

外交研究者の間には、ことの発端は沖縄返還交渉で外務省が尖閣の扱いを軽視したためとする説があります。台湾は米国に対し、尖閣を含めた沖縄返還に抗議を重ねていました。これを受けてロジャーズ国務長官は、71年6月9日にパリで行われた日米外相会談で愛知外相に、「沖縄返還協定の調印前に（尖閣の問題で）台北と話し合いをぜひとも行ってほしい[☆1]」と要請しています。返還協定調印の1週間前のことです。

これに対し愛知外相は、「基本的には米国に迷惑をかけず処理する自信がある。国府（台湾）に必要とあらば話をすることは差し支えないが、（中略）事後的に説明することとなろう」と答えています。愛知は5日後に台湾の駐日大使と会談していますが、突っ込んだ話をすることなく、事実上、尖閣問題を放置して協定調印に至っています。

中国の動向に詳しい横浜市立大学の矢吹晋《やぶきすすむ》名誉教授は、「（外務省が）問題の核心を理解して的確な対応をしたとは到底いえない」[☆2]として、「日中・日台の尖閣衝突は、ここに始まった」と、このときの政府の不作為が尖閣問題の出発点と指摘しています。たしかに返還交渉最終局面での日本政府の対応をみると、尖閣問題に関心を寄せる台湾や中国への対応は鈍いものでした。

これに対して米国は、腫れ物に触るように台湾、中国に接しています。背景には中国との国交正常化と国連加盟問題がありました。71年4月の名古屋でのピンポン外交[*2]を経て、ニクソン大統領は7月にキッシンジャーを極秘裏に北京に派遣[*3]します。沖縄返還協定の調印は6月ですから、まさに土壇場になって米中の急接近が始まったのです。米国にとって最大懸案のベトナム戦争終結には中国との関係改善が必須条件であり、また、ニクソン・ドクトリンで掲げた軍事費抑制のためにも国交正常化は焦眉の急でした。だから中国、台湾が領有権を主張する尖閣について、沖縄返還協定の中でどう処理するかは米政府にとって頭痛のタネだったのです。

ニクソンが最終決断したのは、協定調印の10日前の6月7日のことでした。大統領補佐官のピーター・ピーターソンが台北にいたデイビッド・ケネディ特使に宛てた公電では、「長い議論の末に大統領は、（沖縄返還交渉が）あまりに深く、多くの約束をしてきたのでもはや元に戻すことはできないという結論に達した」[☆3]と説明しています。つまり、尖閣を含めた沖縄の施政権返還を予定通り実施するということです。ただし、国務次官のジョンソンはこの直前、キッシンジャーに対し、日本から受け取ったのは「施政権」であり、「その権利を損なうことなく、そのまま日本に返還する」と話し、領有権問題について「米国は何らかの立場をとらない（takes no position）」と論点を整理しています[☆4]。

一方、公開された外務省の公文書を見る限り、日本政府がこの時期、尖閣問題についての突っ込んだ検討をした形跡はありません。協定調印直前にロジャーズが愛知に台湾との協議を懇願したことについても、当時外務省条約課長だった中島敏次郎は研究者との問答の中で、「そういうことがあったのですかね。これとは別に、愛知外相が『もうはやくまとめてくれよ』と述べていると条約局長から伝わってきたことはありましたけれども」と答えています[☆5]。「施政権」「領有権」についても、「施政権というのは、領有権にもとづいてあるわけですから。統治されるわけですから、同じことではないでしょうか」と、米側の苦心の意図を理解していませんでした。

本気度読めず時間を空費

沖縄返還協定を審議する71年12月16日の参院沖縄返還協定特別委員会では、こんなやりとりがありました。社会党の森元《もりもと》治郎《じろう》議員が、尖閣の帰属を曖昧にする米側の態度に抗議すべきとただします。外相の福田赳夫の答弁はこうでした。

「『帰属はわからない』とは言っていない。『沖縄返還協定は、この協定によってこの帰属に影響を及ぼすものではない』と言っている。私どもとすればはっきり日本のものですよ、と言ってくれれば大変有難いが、これはお察しのとおりのいろんな事情があるんではないか。(中略)しかし、抗議するというほどのことでもない」

果たして当時の佐藤政権は、尖閣の「施政権」と「領有権」を切り離した米側の意図や、それが将来に及ぼす影響についてどの程度の認識があったのでしょうか。領有権を主張する中国や台湾の本気度を、どう測っていたのでしょうか。沖縄返還に関する複数の密約や米国との繊維交渉で手一杯だった佐藤政権にとって、尖閣問題の優先順位は低かったのでしょう。もちろん今日の尖閣問題は、この時の外務省の不作為だけが原因ではありません。ただ当時、中国の国力は現在に比べればはるかに小さかった。72年の日中国交回復後も、しばらくは日本に経済支援を求める時代が続きます。少なくとも今世紀に入る前までは、国力、交渉力で日本が優位にいた時期だったのですが、日本政府は時間を空費します。

それは返還交渉最終盤での中台のメッセージや米国の警告をしっかり受け止めなかったからではないでしょうか。当時、外務省がそれを認識し、主体的に交渉を進めていれば40年後に顕在化した二国間のトゲは、これほど大きくなっていなかったのかもしれません。

１９７８年の日中平和友好条約交渉時、鄧小平《とうしょうへい》副総理は、「次の世代は、われわれよりももっと知恵があり、この問題を解決できるだろう」と言って尖閣問題を棚上げしました。これは日中の蜜月を表す名言として今に語り継がれていますが、その後の中国の急激な成長と習近平《しゅうきんぺい》体制下での領土拡大志向をみると、鄧のもう一つの言葉とされる、「韜光養晦《とうこうようかい》」（爪を隠し時期が到来することを待つ戦術）[*4]が腹にあったのではないかと想像してしまいます。

5・4　沖縄返還は日本をどう変えたのか

台湾有事で沖縄が標的に

最終項は、返還交渉が半世紀を経て日本にもたらした影響を総括します。影響の最たるものは「日米同盟」の深化でしょう。若い読者の方々はご存知ないかもしれませんが、「日米同盟」という言葉は当時から広く使われていたわけではなく、むしろタブー視された言葉でした。「同盟」は軍事的な結び付きを含意しているため、社会党、共産党など当時の左派陣営が日米間の安全保障体制の強化につながることを警戒していたからです。

一方で米側が沖縄返還交渉に応じた最大の意図も、まさしく安全保障面での日本の役割分担にありました。

交渉の初期段階、１９６７年7月15日にジョンソン駐日大使が米側の条件を聞き出そうとする三木外相に対して、「われわれがどう、ではなく、日本がどうするかだ」と諭したことは第2章で触れました。ジョンソン―ニクソンと続いた米政権で一貫していたのは、米国が独り担っていたアジアの安全保障に日本を組み込むことでした。背景にはベトナム戦争で負った巨額の財政赤字と、68年にはGNP世界2位まで上り詰めた日本の経済成長がありました。そして69年11月の共同声明で、米側はその果実を得ます。

当時、国務次官になっていたジョンソン（前駐日大使）は声明発表後の米記者団向けのブリーフィングで、「第3項で日本政府は初めて日本の安全と極東の安全の関係に言及した」と成果を誇示しました。さらに在日米軍基地から朝鮮半島や台湾への有事出撃を事実上容認した第4項についても、「初めてのことだ」と強調しています。

それから半世紀後、共同声明第4項の「台湾有事」の問題は再び新聞各紙に大きく取り上げられました。2021年4月16日の菅首相とバイデン大統領の日米首脳会談後に発表された共同声明に、「台湾海峡の平和と安定の重要性を強調するとともに、両岸問題の平和的解決を促す」と明記されたからです。中国が台湾への軍事的圧力を強めていることを意識したものでした。日米共同声明で台湾有事に言及するのは沖縄返還合意の際の69年11月以来のことで、新聞各紙は、「『台湾』で中国牽制、52年ぶり首脳声明に」などと大きく伝えました。

菅―バイデン会談の1か月前の3月には、米インド太平洋軍のフィリップ・デービッドソン司令官が上院軍事委員会で、「中国は2050年までにアメリカに取って代わるという野心を加速させている。台湾はその一つであることは明らかだ。この10年、実際にはこれからの6年、脅威は明白だ」と証言しています。その直後の共同声明は、こうした米政府の危機意識の表れであり、返還交渉で勝ち取った沖縄基地から台湾への有事出撃が半世紀を経た今日、現実化しつつあることを指摘したわけです。

もし台湾海峡で紛争が起きれば、沖縄の米軍基地から戦闘機が出撃して応戦する。読者の多くは「当然のことじゃないか」と思うのかもしれません。しかし、それは一方で沖縄が中国人民解放軍の標的[*1]になることを意味します。中国側に言わせれば、台湾への侵攻はあくまで内政の問題です。そこに米軍が台湾に加勢するなら、それは国際法上の「自衛」としてたたく。その発進基地である沖縄を攻撃することも、「自衛」として大義があるということになります。

共同通信は２０２１年12月24日、自衛隊と米軍が台湾有事を想定した日米共同作戦計画の原案を策定していたことが分かった、と報じました。記事は、有事の初期段階で鹿児島県から沖縄県の南西諸島に米海兵隊の攻撃用軍事拠点が置かれ、住民が戦闘に巻き込まれる可能性が高いとしています。この記事を書いた石井暁・編集局専任編集委員によると、米側は逡巡する自衛隊幹部を押し切る形で半ば強引に計画原案の策定を進めたそうです。

台湾が有事に至るまでには当然、米国、台湾と中国の間で外交努力がなされ、戦闘が回避される可能性ももちろんあります。ただ日本にとっては、いざ有事となった場合、一般の国民に直接の被害が及ぶ「危険性」が現段階で既にあるということです。その「危険性」は半世紀前、佐藤とニクソンの間で署名された共同声明の中に埋め込まれました。しかし当時、そうしたリスクを日本が負うことについて、どれだけの日本人が自覚し、覚悟したのでしょうか。返還交渉の裏側で、こうした重大な安全保障政策の転換が行われていたことを、もう一度認識しておく必要があります。

基地固定化させた「思いやり予算」

日米安保条約に基づく在日米軍基地について、米国の歴代政権は「日本を守るためのものではなく、極東での米軍展開のための基地群」という位置付けでした。しかし、日本側にはその意識が希薄でした。

1951年の旧安保条約では、米軍が極東における軍事作戦のために日本の基地を自由に使用することができる「極東条項」が明記されました。これについて、条約作成に携わった外務省条約局長の西村熊雄《にしむらくまお》が「じゅうぶん考慮をめぐらさないで簡単にOKしかるべしと意見を申し上げた。汗顔の至りである」[☆1]と後年慨嘆したのは外交研究者の間では有名な話です。

岸が果たした60年安保改定は、「極東での米軍展開のための基地群」という米側の位置付けから、「日本を守るためのもの」に重心を移すことが狙いでした。その仕掛けの一つとして導入されたのが事前協議制度でしたが、69年の共同声明はこれを骨抜きにしました。声明では「極東での米軍展開のための基地群」という旧安保条約の意図が再び強まり、加えて「極東安全保障への日本の組み込み」が含意されます。そのことについて、当時の政権や外務省には西村のような省察はみられませんでした。

「極東安全保障への日本の組み込み」についての具体例を挙げます。「朝鮮半島、台湾出撃の際の事前協議の形骸化」は沖縄基地に限ったことではなく、本土の基地にも適用されています。つまり、これまで事前協議を前提としていた本土の基地も、返還交渉によって、朝鮮半島（以前に「朝鮮議事録」の密約はあったものの）と台湾への有事出撃は実質フリーとなったのです。核の再持ち込みも同様です。沖縄返還が「本土の沖縄化」をもたらしたといわれる所以です。

「本土の基地はなぜ減少したのか」の項で触れた「思いやり予算」は、沖縄の基地の固定化につながりました。基地の建設・改築・修繕費から光熱費・水道代、さらには日本人雇用者の給料まで面倒をみる「思いやり予算」で、米軍は基地を沖縄から移転する理由がなくなりました。日本の国庫から支出される「思いやり予算」は毎年約2000億～3000億円。基地内には日本政府の予算でボウリング場などの娯楽施設まで整備され、海外から移ってきた米兵が「オキナワはパラダイス」と言うほど、海外基地として稀な恵まれた環境になっています。膨大な財政負担の日本への転嫁は、米側にとって沖縄に基地を置く最大のメリットでしょう。

「極東安全保障への日本の組み込み」を日本側から支えたのは、外務・防衛官僚の中枢にいる〝安保族〟でした。財政的な理由で海兵隊の全面撤退が検討された際にも、〝安保族〟の「見捨てられ不安」から発した「思いやり予算」が、それを阻止しました。「思いやり予算」がなければ、米国はコストを考えて沖縄の米軍基地のいくつかを移転・削減していたかもしれません。

〝安保族〟にはまた別の事情もありました。第3章で政治家と官僚の時間軸の違いに触れましたが、〝安保族〟にとって戦後築き上げてきた日米同盟は、誰が首相になろうと絶対死守しなければならない外交の〝聖域〟です。だから米国にとってメリットのない政策、つまり日本側の都合による基地の移転や地位協定の改定などはできるだけ最小限にとどめなければならない。逆に言えば、〝安保族〟は米国の「防波堤」になることによって重宝され、人脈や情報を得られてメシが食えるという構図です。ただ彼らは決して私利でやっているつもりはなく、結局はそれが日本の国益につながるのだとの信念を持っています。

〝安保族〟は、普段はあまり目立ちませんが、自分たちの存在基盤を揺るがすようなことがあると舞台裏で動き出します。民主党政権で鳩山由紀夫首相が普天間飛行場の代替施設について「最低でも県外」と公約し、辺野古移設案を葬ろうとしたときがそうでした。

２０１０年４月６日、鳩山は外務、防衛幹部を官邸に呼び、ひそかに普天間の徳之島移設計画を示します。地権者への説明など段取りを協議し、「極秘で進める」ことを申し合わせました。その全貌を朝日新聞がスクープしたのは翌日のことでした。後に鳩山は筆者のインタビュー[*2]に「面従腹背の官僚が計画をつぶすために漏らしたのは明らかだった。彼らのハラは米側と約束した辺野古移転がすべてだった」と述べました。

〝安保族〟が先導した「日米同盟」の深化

最後に、返還交渉を起点に始まった「日米同盟」の深化を駆け足で見ていきましょう。

沖縄返還当時、日本政府内ではまだ「経済優先、防衛は米軍に依存」という吉田茂の敷いた路線が主流でした。ただ政官界では、ニクソン・ドクトリンなど米国のアジア離れの兆候を背景に、あくまで日米協力の強化を志向する〝安保族〟と、防衛庁長官だった中曽根康弘や京大教授の高坂正堯のように、自主防衛の確立を説く勢力の暗闘がありました。

中曽根は70年3月、自民党安全保障調査会で「日本自体が固有の防衛戦略を持ち、従来のような漠然たる対米期待や無原則的な依存の形から脱却し、日米が実質的にも対等の立場に立つ必要がある[☆2]」と述べ、〝安保族〟を牽制しました。さらに国会では、「今のもの（安保条約）は原型は吉田さん、ダレスさんのような明治の相当ふるい連中がつくったもの」と挑発しています。中曽根らは自主防衛を基軸に据え、安保条約はあくまで補完という考えでした。

中曽根は朝鮮半島やソ連の脅威を念頭に必要な防衛力を積算し、第４次防衛力整備計画（四次防）[*3]で三次防の2倍以上の予算となる原案を公表しますが、大蔵省の反対に加え、米政権が「日本の独り立ち」を警戒したことによってこの構想は頓挫します。米国が日本に求める「自主防衛」はあくまで「self defence」であって、「independence defence（中曽根論の国務省訳）」ではありませんでした。

これに代わって台頭したのが、前に触れた久保卓也・防衛庁防衛局長の「基盤的防衛力」構想でした。その趣旨は、日本の財政や世論を考慮し、「平時における必要最小限の防衛力」を目指すというものです。その後ハト派の坂田道太《さかたみちた》が防衛庁長官に就任すると、久保の構想をもとにした「防衛計画の大綱」（51大綱）[*4]が76年10月に閣議決定されます。それは「日米安保条約の意義を再評価」し、並行して「限定的かつ小規模な侵略については、原則として独力で排除」できる防衛力を整備するという内容で、これがその後の対米依存路線につながっていきます。

51大綱の「基盤的防衛力」は２０１０年の「22大綱」で「動的防衛力」に替わるまで、実に34年間にわたり日本の安全保障政策の骨格となりますが、広範な国民的論議を経たものではありませんでした。策定過程の70年代半ばはロッキード事件[*5]に世間の関心が集まり、新聞も野党もそれどころではなかったのです。日米安保を基軸としたい〝安保族〟には好都合の環境でした。

51大綱を生み出した坂田はもう一つ、「日米同盟」深化に大きく踏み出す仕事をしています。それは78年11月に米国と合意した「日米防衛協力のための指針」（ガイドライン[*6]）策定に向けたきっかけづくりでした。75年4月の国会答弁で坂田は、日米間でシーレーン（海上交通路）防衛[*7]に当たる海域分担に向けた協議を始めたいと述べています。日米間の防衛協力は63年頃から現場の制服組同士が非公式に計画をつくっていましたが、坂田の動機は「ユニホーム同士の話し合い、研究等にまかせておくのはよくない、正々堂々と、シビリアン・コントロールの下に、整然と行われるべきものである[☆3]」というハト派的なものでした。これを利用して〝安保族〟は米国との軍事協力の強化に乗り出します。

策定されたガイドラインは日本有事に焦点を絞り、①限定的かつ小規模な侵略は日本が独力で排除、②米軍は自衛隊の能力の及ばない機能を補完する、と定めました。「自衛隊は盾、米軍は矛」という役割分担がこの時確認されたのですが、日米安保条約の発効以来、「実態がない」とされてきた軍事協力の枠組みに初めて「実」が入ったという意味では画期であり、日本はその後、本格的に米国の安保戦略に組み込まれて行きます。

沖縄返還から9年後の81年、鈴木《すずき》善幸《ぜんこう》首相とロナルド・レーガン大統領の日米首脳会談の共同声明で初めて「同盟関係」という文言が使われました。野党は「軍事的な結び付きを連想させる」と追及し、新聞各紙も批判的に報じました。鈴木は「軍事的意味合いはない」と抗弁しますが、伊東《いとう》正義《まさよし》外相は、「安保条約を結んだときからこれ（軍事的関係）はある」と述べて「同盟」をめぐる解釈論争に発展し、伊東外相は辞任しました。

「日米同盟」という言葉を当たり前に使っている現在から考えると、この解釈論争は平和憲法下での「理念」が虚像になりつつあることを直視し、日米安保の「現実」を追認していく最初の〝通過儀礼〟であったのかもしれません。

91年12月のソ連崩壊で冷戦は終結します。仮想敵を失った安保条約はその存在意義が問われますが、この時も〝安保族〟の「見捨てられ不安」が米国を突き動かし、「日米安保の再定義」に向けた作業が始まりました。95年2月には「在日・在韓米軍を中心に東アジア・太平洋地域に展開する10万人規模の米軍の戦力配置を継続する」とした「東アジア戦略報告」（ジョセフ・ナイ・リポート）[*8]が公表されます。

さらに米国は91年の湾岸戦争をきっかけに、国際的な平和維持のための海外での機雷掃海や給油などを日本に求めるようになりました。沖縄返還交渉で始まった日本の「役割分担」が極東から世界規模へ拡大していく構図です。自衛隊の役割は、「専守防衛」から「国際貢献」に重心を移し、中でも「対米貢献」が主たる任務となりました。

こうした日米の軍事協力が急加速するのは、第2次安倍政権になってからです。ただ、安倍政権下の政策転換は踏み固めた安保哲学によって打ち出されたものではありません。特定機密保護法（2013年12月）、武器輸出三原則の撤廃（2014年4月）、集団的自衛権の行使容認（2015年9月）といった一連の施策は、いずれも2012年夏の米戦略国際問題研究所の報告書（第3次リチャード・アーミテージ・リポート）[*9]などを通じて、米政府が繰り返し日本に要請したものでした。

このように「日米同盟」は、沖縄返還を出発点に米国のアジア軍事戦略の一環として米主導で深化していきます。69年の共同声明に埋め込まれたさまざまな〝仕掛け〟は、この半世紀の間に日本が米国の安全保障戦略を補完していくための「理屈」として使われました。それを支えたのは、外務、防衛省内にいた〝安保族〟の官僚たちでした。政府内では何度か「自立した安全保障論」が提起されたこともありましたが、そうした動きをつぶしてきたのも〝安保族〟でした。公開された公文書や論文を見る限り、彼らは彼らなりに「安保条約を核とした日米同盟が日本の国益にとって最善の選択」と真摯に考えていることは確かだと思います。しかし、その実態は安全保障だけでなく外交や経済を含めて日本独自の政策選択の幅を狭め、「対米追従」の一本道を走り続けることでした。

本土との分断と50年後の現実

〝安保族〟が残した最大の問題は「日米同盟」の負担を本土からアウトソースし、沖縄という狭い地域に集中させたこと、それが本土の人々に「日米同盟」のコストを不可視化させたことです。彼らの言う〝国益〟は、特定の地域の人々に恒久的な負担を強いることで成り立っていました。

ここに興味深い世論調査があります。時事通信が定期的に実施している「日本での米国好感度」調査です。その推移をたどると、１９７０年代前半に24％だった対米好感度は、沖縄返還後の70年代後半30％、80年代前半39％、90年年代前半43％と上昇し、２０００年には47％に達しました。

これは単に米国が沖縄を返還したから、ということではないでしょう。重要な要素の一つは、返還交渉の舞台裏で進んだ本土基地機能の沖縄移管です。これによって、本土での「安保」「日米同盟」のコストが見えづらくなり、60年代に盛んだった本土での反基地闘争は急速に鎮静化していきました。一方で、沖縄では基地群の機能強化が進み、「反基地」の気運は高止まりしたままでしたが、日米両政府は「沖縄」を集中管理することで日本全国での世論の反発を抑えることができるようになりました。

もう一つの要素は、沖縄返還交渉の際に日米が決めた安保条約の自動延長です。60年の条約改定は左派勢力だけでなく国民的な「反安保」運動となり、自民党は政権の危機に直面しました。前述のように当時の安保条約は10年ごとの国会承認を必要とし、このままだと日米両政府はそのたびに安保廃棄や政権存続のリスクを負うことになります。そこで佐藤、ニクソンは沖縄返還と同時に、10年ごとの国会承認手続きを不要とする自動延長に切り替えました。

社会党、共産党などの左派陣営は70年6月の安保改定を政治闘争の柱に据えていましたが、佐藤は沖縄返還の成就によって世論を味方に付けました。69年12月の総選挙で圧勝して安保危機を回避し、同時に将来の「10年リスク」を消したのです。佐藤が沖縄の「早期」返還にこだわったのは、このためでした。ただ、これは安全保障政策に関する10年ごとの国民的議論の機会を奪うことでもありました。もし安保条約が今でも10年ごとの国会承認を必要としていれば、私たちはもっと真剣に安全保障の問題に向き合い、地位協定や基地の在り方が政治的争点になっていたかもしれません。

本土で安保が不可視化され米国の好感度が上昇する一方で、沖縄は孤立を深めていきます。ＮＨＫ放送文化研究所が２０１７年の沖縄復帰45年当時に行った世論調査を見てみましょう。「日本の安全にとって沖縄にアメリカ軍基地があることについてどう思うか」との問いに、沖縄では「必要」「やむをえない」を合わせて44%が容認し、「必要でない」「かえって危険だ」は計48%でした。これに対し、全国（本土）では「必要」「やむをえない」が計71%、「必要でない」「かえって危険だ」は計20%と、大きな差が出ました。

一方「沖縄の米軍基地についてのあなたの気持ち」についての問いでは、沖縄で「全面撤去すべきだ」が26%、「本土並みに少なくすべきだ」が51%、「現状のまま」が15%。本土では「全面撤去」が10%、「本土並み」が46%、「現状のまま」は33%でした。「安保条約は日本の平和と安全にどの程度重要か」については、沖縄で「とても重要」「ある程度重要」が計65%、全国では計83%でした。

沖縄に現状のような基地が必要か否かの現実論では、本土と沖縄では大きな意識の差がありました。しかし心情的には本土の人の間でも、「本土並みに少なくすべきだ」と思っている人が案外多いことが分かります。そして注目すべきは、沖縄でも安保条約の必要性を半数以上が認めていることです。

沖縄の孤立感は、ここにあるのではないでしょうか。つまり、沖縄が独り安保の負担を背負うことの矛盾を本土の人々も分かっているのに、現状は容認する。沖縄の人々が問うているのは、この本土の人々の〝他人事〟の意識でしょう。それは日米両政府が半世紀の間に形成した、「本土での安保の不可視化」と「沖縄での安保の集中管理」の所産です。

佐藤の対米交渉を後押しした沖縄基地問題研究会の事務総長、末次一郎は後年、次のように綴っています。

「軍事戦略的にどうしてもある機能を必要とするというのであれば、それを沖縄だけに押し付けるのではなく、本土の防衛体制に再検討を加えて、沖縄とともに分かち合うべきである。(中略)太平洋にキーストーンが必要であるとするなら、それは、沖縄だけに冠せられるものではなく、沖縄を含む日本がキーストーンであるべきだと考えるからである」[☆4]

米側交渉のキーマンで、数少ない存命者の一人、モートン・ハルペリンも次のように述べています。

「(沖縄の基地の必要性は) 日本政府が決めることでしょう。過去に本土の米軍基地の閉鎖は日本政府が決定してきたようですが、沖縄の基地は閉鎖されていません。米政府はそのような決定に干渉すべきではないと思います。日本政府はどの米軍基地が使用可能なのか示すべきだし、米政府は日本政府の決定を受け入れて特定の基地を特定の場所に押し付けるべきではないと思います。不公平な負担は日本政府の決定の結果であり、このような決定こそ疑問視されるべきです[☆5]」

自らの政治的野心を抱えて返還交渉に乗り出した佐藤栄作は、その過程で沖縄に基地が存続することに葛藤を覚え、「沖縄の役割をうすめる余地があるはずだ」と述べています。密使・若泉敬は晩年、毎年のように沖縄を訪れ、変わらぬ基地の実情に懺悔の涙を落としました。

鬼籍に入った彼らは、50年後の現実をどう見ているのでしょうか。

佐藤や若泉らが力を尽くし、戦争で失った「領土」はたしかに返還されました。しかし、「沖縄」そのものは半世紀を経ても、まだ戻ってきていないのかもしれません。

あとがき

「歴史は繰り返さないが、韻を踏む」と言った米国の作家がいました。そのことを象徴しているのが沖縄でしょう。

薩摩藩の琉球侵攻から始まって、明治政府の琉球処分、そして戦後の本土からの分離と米軍政。いずれも沖縄の人々に原因があるのではなく、本土側の都合で仕掛けられ、安寧な暮らしをひっくり返された歴史です。

私は近年公開された日米の公文書を読み込むうちに、１９７２年の沖縄返還に至る対米交渉もその一つではないかとの思いを深くしました。本土復帰は米軍の圧政に苦しむ沖縄の人々の願いではありました。だから返還そのものは「慶事」にみえます。しかし、その過程を公文書でたどっていくと、不思議な感覚に捉われました。

米国との交渉では「唯一の被爆国である日本人の核に対する特殊な感情」という言葉がたびたび出てきます。広島、長崎の被爆を経験した日本人は、その惨《むご》たらしさを肌身で感じている。だから核付き返還はまかりならん——。その理屈は対米交渉でも強い説得力を持ちました。

一方で、「唯一の地上戦を経験した沖縄の人々の特殊な感情」について、当時の政権や外務省が言及した形跡はありません。県民の4分の1が戦死した沖縄の人々は、戦争の現場を誰よりも知っています。戦争にはひときわ敏感なのです。だからこそ、戦争の舞台装置である基地を忌避し、その縮小を訴え続けました。しかし、佐藤政権は沖縄の「特殊な感情」を顧慮しませんでした。その後の歴代政権も、日本の歴史で唯一の地上戦を経験したこの島に基地を置き続けることを容認します。

なぜ「日本人の特殊な感情」は配慮され、「沖縄の人々の特殊な感情」は無視されるのか。私はそこに、琉球侵攻や琉球処分などと同じ本土側の〝都合〟と、この島に対する「上からの目線」を感じます。その〝都合〟と「目線」は、並行して進んだ沖縄への基地集中、つまり日米安保条約の負荷を沖縄独りに背負わせる構図で今日に至っています。返還の対象は沖縄なのに、その沖縄に新たな負荷を担わせる。この倒錯こそが返還交渉の本質だったのではないでしょうか。

哲学者の市井《いちい》三郎《さぶろう》は「本人が責任を問われる必要のないことで苦しむこと」を「不条理」と定義した上で、「歴史の進歩とは、不条理の組織的・制度的軽減である」と指摘しています。沖縄に不条理を積み重ねてきたこの国の政治は、歴史の進歩に対する背信と言っていいのかもしれません。

もう一つ大切なことがあります。日本政府は返還交渉で直面した「自国の安全保障をどう構築していくのか」という問いを棚上げし、交渉を通じて米側の要求にひたすら〝体形〟を合わせることに終始しました。米側との間で当然生じるはずの安全保障面での認識の違いを封印し、対立を避けました。すべては「早期」の返還という〝大義〟のためでした。

しかし、十分な議論を経ずに踏み出した「日米同盟」はその後の歴代政権の政策を規定し、日本の安全保障政策はやがて「米国への貢献」が基軸になります。それが朝鮮半島や台湾海峡の有事に日本が関与することであり、沖縄や本土の基地が標的になることだと自覚している人はどれほどいるのでしょうか。返還交渉における安保論議の棚上げは、この国の住人を半世紀にわたって「安保はタダ」という〝集団催眠〟に陥らせたのではないでしょうか。

「日米同盟」は基地の機能を本土が引き受け、本土の人々がその負担を肌身で受け止めることで初めて「実」を伴い、正常化するのだと私は思います。

本書は、これまで「密約」「基地問題」「日米関係」など研究者や専門家がフィールドごとに深掘りしてきた沖縄返還の歴史を、総覧し俯瞰することが目的でした。記者出身者として、アカデミズムの世界と一般読者を架橋したいというささやかな思いもありました。その狙いが果たせたかどうかは読者のご判断に任せます。

執筆に当たっては、我部政明・琉球大名誉教授、川名晋史・東京工業大准教授、野添文彬・沖縄国際大准教授など多くの研究者や関係者にご協力いただきました。本土復帰前に共同通信沖縄特派員を務めた山内豊彦さん（元社長）や防衛問題でスクープを連発する石井暁さん（編集局編集委員）をはじめ古巣の先輩・後輩、地元紙の沖縄タイムス、琉球新報の皆さんからも貴重な資料や意見を賜りました。この場をお借りして深く御礼申し上げます。また、酒席での縁で本書の出版に段取りをつけてくださった武田真士男・光文社代表取締役社長、コロナ禍の中で筆者を巧みに〝遠隔操作〟してくださった光文社新書編集部の小松現さんには格別の謝意をお伝えします。ありがとうございました。

2022年2月

河原仁志

脚注・出典一覧

■第1章

1・1

〈脚注〉

＊1　琉球侵攻：薩摩藩の島津《しまづ》家久《いえひさ》が貿易利権の独占を狙って1609年に琉球王国に起こした軍事行動。琉球側はほとんど抵抗せず、薩摩に屈服した。

＊2　潜在主権（residual sovereignty）：当初は「残存主権」と訳され、その後外務省が「潜在主権」を定訳とした。1969年12月20日に外務省条約局が作成した内部文書「沖縄に関する法律用語」では「三権の行使を米国に認めてもなお日本に残っている領土主権の根源的なものというほどの意味」と記されている。

＊3　キャラウェイ高等弁務官：1905年生まれ。米陸軍から61年2月に第3代高等弁務官となった。63年3月には沖縄財界人会合で「（沖縄の）自治とは現代では神話であり存在しない」と語り、立法院の議決法案に次々と拒否権を発動するなど〝キャラウェイ旋風〟と呼ばれる圧政を強いた。一方で台風などの被災地では現地で陣頭指揮を執り、電力価格の引き下げなど経済改革にも尽力した。

＊4　若泉敬：1930年生まれ。福井県出身の国際政治学者。米ジョンズホプキンス大学高等国際問題研究大学院（SAIS）留学時にマイク・マンスフィールド、ディーン・アチソンら米政界や学会に多彩な人脈を築いた。

＊5　ロストウ大統領特別補佐官：１９１６年生まれ。経済発展段階を説いた「テイク・オフ（離陸）」理論で著名な経済学者。ケネディ政権以降に米政策決定に関わるようになり、ジョンソン政権下では国家安全保障担当の大統領特別補佐官としてベトナム戦争遂行に当たった。

〈出典〉
☆1　塩田潮「〝沖縄問題〟政争史④」（『NEW LEADER』２０１７年1月号）
☆2　福井治弘「沖縄返還交渉―日本政府における決定過程」（『国際政治』第52号）
☆3　楠田實『楠田實日記』（中央公論新社）
☆4　産経新聞２０１５年9月23日「安保改定の真実」８回目
☆5　Memorandum for the record, send LDX to Sec. Rusk/from Walt Rostow, Nov.13, 1967
☆6　若泉敬『他策ナカリシヲ信ゼムト欲ス』（文藝春秋）
☆7　同
☆8　楠田實『佐藤政権・二七九七日』（行政問題研究所）
☆9　若泉敬『他策ナカリシヲ信ゼムト欲ス』
☆10　東郷文彦『日米外交三十年―安保・沖縄とその後』（世界の動き社）

１・２

〈脚注〉

＊１　琉球政府主席：沖縄を統治する米国民政府が１９５２年４月に自らの傀儡としてつくった琉球政府のトップ。当初は米国民政府が指名していたが、68年11月に初の選挙が行われ革新系の屋良朝苗が保守系の西銘《にしめ》順治《じゅんじ》を破り当選した。

＊２　日米地位協定：旧安保条約の行政協定を継承し、新安保条約６条に基づいて米軍基地の決定や使用手続き、米兵らの裁判権、米軍の特権や便宜などを規定した。米兵の犯罪で米側が先にその身柄を拘束した場合、日本側への引き渡しが起訴後になるなどさまざまな不平等が指摘されている。

＊３　テト攻勢：１９６８年1月に始まった北ベトナムと南ベトナム解放民族戦線による南ベトナムに対する奇襲攻撃。テトはベトナムの旧正月。

＊４　王子野戦病院開設：ベトナム戦争最中に東京都北区十条台に米軍の野戦病院の開設計画が浮上。周辺住民や学生らが反対闘争を展開したが１９６８年３月に強行開設。翌69年12月に閉鎖され、跡地は区立の中央公園となった。

＊５　米軍機の九大構内墜落事故：１９６８年6月2日、板付飛行場発の米軍Ｆ４Ｃファントム戦闘機が福岡市東区の九大箱崎キャンパスに墜落、炎上した。学内外で抗議の動きが広がり、米軍板付基地撤去を求める世論が高まった。

＊６　知念襄二：１９４７年生まれ。沖縄に戻った後は60年安保闘争でブント書記長として活躍した島《しま》成郎《しげお》（２０００年死去）とともに地域の精神医療活動に従事した。

＊7 パスポート焼き捨て事件：知念の逮捕容疑は公務執行妨害だったが、当時の法律ではパスポートなしの入国を想定した罰則がなく、11日間の調べの後に釈放され不起訴となった。

＊8 「琉大文学」：新川明、川満信一《かわみつしんいち》らが在学中の1953年7月に始めた琉大文芸部の機関誌。米統治への会議や抵抗を主潮としたため、56年3月には発禁処分となるなど曲折を重ねたが、78年12月まで計34号を発行した。

＊9 新川明：1931年生まれ。新川の「反復帰論」は国家に対する強い疑義が根底にあり、「沖縄独立論」とも一線を画した。親交のあった大江健三郎《おおえけんざぶろう》は新川を「畏怖の思いをおこさせる人」とその思想を高く評価した。

＊10 ロジャー・ボールドウィン：1884年生まれ。1950年から国際人権連盟議長を務めた。第1次大戦に反対し、良心的兵役拒否者として1年間服役した。

＊11 キプロス：トルコ系住民が多かったが、英国が地中海の要衝にあるこの地に目を付けて1878年にトルコ（オスマン帝国）から統治権を獲得。1914年の第1次大戦を機に一方的に併合し、トルコ系住民の抵抗に遭った。

＊12 大西洋憲章：第2次大戦後の国際秩序確立を目指し、フランクリン・ルーズベルト米大統領とウィンストン・チャーチル英首相が1941年8月にカナダ沖の船上で発した声明。領土不拡大や民族自決、貿易障壁の削減などをうたった。

＊13 国連憲章：国連総会は1960年12月、アジア・アフリカ諸国の決議案を採択し、植民地主義を終結させることを宣言。この中で外国による征服、支配、搾取が基本的人権を否認し国連憲章に違反する

とした。

〈出典〉

☆１　外務省外交文書「一般情報」１９６９年11月10日№２５７

☆２　枝村純郎『外交交渉回想』（吉川弘文館）

☆３　２０１９年９月の河原仁志のインタビュー

１・３

〈脚注〉

＊１　ロバート・ケネディ：１９２５年生まれ。兄の任命で61年１月から司法長官に就き、マフィアとの対決や独裁状態だったフーバーＦＢＩ長官との対峙などで国民的な人気も高かった。大統領選に出馬したが68年６月にロサンゼルスで暗殺。

＊２　総理府特別地域連絡局：沖縄・小笠原諸島や北方領土など戦争で分離された地域住民の諸問題を扱う部署。沖縄返還交渉が本格化する以前、日本政府の沖縄との窓口となった。特に64年10月に局長となった山野幸吉は佐藤の訪沖や沖縄への財政支援問題で尽力し、返還交渉の土台を築いた。

＊３　「ケース・スタディ」論文：１９７２年７月にまとめられた沖縄返還交渉の米政府内の政策決定プロセスを検証した機密報告書。国務省、国防総省など省庁間で交渉の経緯や注意点などを共有するために公文書や関係者聞き取りをもとにつくられた。

＊4　米国民政府：１９５０年12月、それまでの琉球列島米軍政府を引き継いで設立された統治機構。ＵＳＣＡＲと呼ばれ、下部機構の琉球政府を指揮。57年6月からは高等弁務官が組織の長となった。

＊5　ＯＣＢ：Operations Coordinating Board。米国家安全保障会議（ＮＳＣ）の下部に置かれた省庁間の意見のすり合わせのための実務的な委員会。

＊6　ランド研究所：米カリフォルニア州サンタモニカを本部とする軍事戦略研究のシンクタンク。ランドは研究開発（Research And Development）の略。

〈出典〉

☆1　エドウィン・O・ライシャワー『日本への自叙伝』（日本放送出版協会）

☆2　同

☆3　モートン・ハルペリン「沖縄返還：米国政府の政策決定に関する私的回想」（沖縄返還20周年セミナー資料）

☆4　同

☆5　同

☆6　「The Reversion of Okinawa: A Case Study in Interagency Coordination」（「ケース・スタディ」論文）

☆7　同

☆8　同

☆9　同

☆10　モートン・ハルペリン「沖縄返還：米国政府の政策決定に関する私的回想」

☆11　枝村純郎『外交交渉回想』（吉川弘文館）

☆12　福井治弘「沖縄返還交渉―日本政府における決定過程」

☆13　枝村純郎『外交交渉回想』

☆14　大浜信泉他『沖縄復帰への道』（南方同胞援護会）

☆15　大濱信泉『私の沖縄戦後史』（今週の日本）

■第2章

2・1

〈脚注〉

＊1　日米安全保障協議委員会（SCC）：1960年6月の安保改定を受けて、日米の安全保障政策を協議する閣僚級の枠組みとして9月に始まった。1990年から日本の外相、防衛相と米国の国務長官、国防長官による「2プラス2」に改組された。

＊2　事前協議制度：安保条約改定に際し、岸信介首相とクリスチャン・ハーター国務長官が1960年1月に交換公文で確認した。

＊3　メースB：米マーチン社が1950年代に開発した核弾頭搭載可能な戦術地対地巡航ミサイル。1961年に沖縄・嘉手納基地に配備。

＊４　グアンタナモ方式：キューバがスペインから独立した際、新政府は支援した米国に対しグアンタナモ湾にあった基地の永久租借を認めた。基地はキューバ革命で国交が断絶した後も米国の租借が続いているが、キューバ政府は非合法として租借料を受け取っていない。

＊５　北米局：外務省の内部部局。１９６８年６月までは「北米局」。その後「アメリカ局」と改称され、79年に再び「北米局」に戻った。本書では引用部以外は「北米局」で統一表記した。

＊６　日米協議委員会：沖縄に対する日本政府の援助を本格化するため米側と協議する機関として１９６４年に設置。日本側は総理府、米側は陸軍省。協議の対象は教育・医療・社会保障など生活関連分野に限られた。

〈出典〉

☆１　U. Alexis Johnson「The Right Hand of Power」
☆２　同
☆３　同
☆４　同
☆５　Memorandum for the President,from R.S.McNamara,Aug.30,1967
☆６　「The Reversion of Okinawa: A Case Study in Interagency Coordination」
☆７　U. Alexis Johnson「The Right Hand of Power」
☆８　東郷文彦『日米外交三十年』（世界の動き社）

☆9　山野幸吉『沖縄返還ひとりごと』（ぎょうせい）
☆10　枝村純郎『外交交渉回想』（吉川弘文館）
☆11　同
☆12　同
☆13　同
☆14　同
☆15　福井治弘「沖縄返還交渉―日本政府における決定過程」、本田靖春「沖縄返還、もうひとつのドキュメント」（『諸君』1971年11月号）

2・2
〈脚注〉
＊1　ICBM、ポラリス、B52：1960年代に核の運搬手段が発達し、ミサイルや潜水艦、爆撃機に核兵器を搭載することが可能となった。固定基地と違って迎撃が避けられるだけでなく、敵国に核がどこから発射されるか分からないという疑心暗鬼を生んだ。
＊2　日米政策企画協議：ラスク国務長官が日本に安全保障上の責任と利益を検討させる手段として設置を主導。1964年9月に外務省国際資料部と国務省政策企画委員会の間で始まった。日米が関心のある広範な外交問題について自由に議論する場。

＊３　密使・高瀬保：米フーバー研究所の研究員だった１９６３年、国防総省からの要請で沖縄経済の調査を依頼され、たびたび訪沖。そこに目を付けた佐藤が自ら口説き、沖懇のメンバーとなった。68年末のニクソン当選時には密使となり佐藤から譲歩案を授かったが、出発直前の大学講義中に佐藤から電話で「譲歩案を示せと言うのは取り消す」と言われたという（『誰も書かなかった首脳外交の内幕』＝高瀬保著）。

＊４　非核三原則：「持たず、作らず、持ち込ませず」は１９６７年12月11日の衆院予算委で、佐藤が初めて言及。68年1月27日の施政方針演説で正式表明。さらに1月30日の国会答弁で核政策の４本柱として「非核三原則」「核廃絶・核軍縮」「米国への核抑止力依存」「核の平和利用」を挙げた。いずれも草案は若泉が作成に関与した。

〈出典〉
☆１　下田武三『戦後日本外交の証言』下巻（行政問題研究所）
☆２　若泉敬『他策ナカリシヲ信ゼムト欲ス』
☆３　大濱信泉『私の沖縄戦後史』
☆４　同
☆５　『他策ナカリシヲ信ゼムト欲ス』
☆６　「危機のリーダーの条件」（『文藝春秋』２０２１年11月号）

２・３

〈脚注〉

＊１　末次一郎（１９２２～２００１）：戦後に海外抑留者引き揚げ支援に尽力し政界に人脈を広げた。基地研事務総長として大濱とともに沖縄返還に向けた世論形成に奔走。北方領土返還、青少年の健全育成など多方面にわたって活動する一方、中曽根政権時代の第２次臨時行政調査会に参画するなど自民党の歴代首相に影響力を奮った。

＊２　カムラン湾：ベトナム中南部の要衝にあり南シナ海に面した良港。ベトナム戦争中は米海軍、空軍の拠点となった。

＊３　英仏の基地撤退：英国は１９６８年以降、アラビア半島のアデン、マレーシア、シンガポールから相次いで基地を撤退。フランスもアルジェリアにあった海軍基地を67年に撤収した。いずれも巨額の駐留経費や地元住民との軋轢が背景にあった。

＊４　有事駐留使用：米軍が常時駐留せずに普段は自衛隊が使用し、有事の際に即時に施設を米軍が使用できる状態にしておくこと。

２・４

〈脚注〉

＊１　国会承認：憲法73条３では、条約（協定、取り決め、議定書などを含む国家間の約束事）について国会の承認を得なければならないという規定がある。

＊２　国家安全保障会議（ＮＳＣ）：米国の安全保障政策、外交政策の最高意思決定機関。１９４７年に国家安全保障法によって創設。大統領への助言、安保政策立案、関係省庁の調整を柱とし、政権にもよるが大統領、副大統領、特別補佐官、国務長官、国防長官らが正規メンバー。統合参謀本部長は軍事アドバイザーとして参加することが多い。

＊３　『ニクソン回顧録』：１９７８年に小学館から刊行。「栄光の日々」「苦悩のとき」「破局への道」の３部構成。

＊４　ＮＳＳＭ：National Security Study Memorandum の略。「国家安全保障会議研究メモランダム」などと訳され、ＮＳＣが各省庁に対しテーマごとに政策選択肢の検討を要請する文書。

＊５　プリシラ・クラップ論文：ハルペリンは移籍した米ブルッキングス研究所で「沖縄返還交渉および繊維交渉をめぐる米日関係」という共同研究に従事する。この研究などをもとにしてプリシラ・クラップが執筆した沖縄返還交渉での米政府の内幕を分析した論文「Okinawa Reversion : Bureaucratic Interaction in Washington 1966-1969」。

＊６　琉球政府：沖縄を統治する米国民政府が１９５２年４月に設置した統治機構。民裁判所、立法院（議会）、行政府があるが、トップの行政主席は68年11月まで米側が指名する〝傀儡〟政権だった。ただ立法院はしばしば米方針に反する決議を行い、本土復帰運動の底流をつくった。

〈出典〉

☆１　U. Alexis Johnson「The Right Hand of Power」

☆２　若泉敬『他策ナカリシヲ信ゼムト欲ス』

☆３　中島敏次郎『外交証言録　日米安保・沖縄返還・天安門事件』（岩波書店）

■第３章

３・１

〈脚注〉

＊１　ＮＳＤＭ：National Security Decision Memorandum。ＮＳＳＭの結果をもとにＮＳＣが政策決定した文書で「国家安全保障会議決定メモランダム」などと訳される。

＊２　東郷の著作：『日米外交三十年―安保・沖縄とその後』（世界の動き社）

＊３　安保条約の自動延長：60年の安保改定で条約の期限は10年とされ、日米両政府はその都度、国会や議会で継続承認手続きを必要とした。これが政治的に大きな障害となるとの見方から、70年以降は国会承認を不要とする「自動延長」に切り替える案が60年代半ばから浮上した。

＊４　マイヤーの回顧録：Armin H. Meyer「Assignment: Tokyo, an Ambassador's Journal」

〈出典〉

☆１　東郷文彦『日米外交三十年』

☆２　外務省外交文書「千葉北米課長帰朝報告」（１９６９年４月１日）

☆３　「沖縄返還交渉の真実」（月刊中央公論２０２０年10月号）

☆4　若泉敬『他策ナカリシヲ信ゼムト欲ス』
☆5　下田武三『戦後日本外交の証言』下巻（行政問題研究所）
☆6　沖縄タイムス、琉球新報1969年6月21日付朝刊
☆7　『他策ナカリシヲ信ゼムト欲ス』

3・2

〈脚注〉

＊1　『他策ナカリシヲ信ゼムト欲ス』：1994年5月に文藝春秋から刊行。若泉は返還交渉の舞台裏を明かすことによって安全保障問題への議論を活発化させ、沖縄負担の軽減につながることを期待した。外交関係者や研究者の間では大きな話題となったが、当時の政府は黙殺し、若泉の期待は裏切られた。表題は日清戦争当時の陸奥宗光《むつむねみつ》外相の言葉。

＊2　ホットライン：二国間首脳が直接に電話などで話し合う専用回線を確保することだが、返還交渉での「ホットライン」は主として若泉―キッシンジャーを通じての首脳交渉に擬せられた。

＊3　電話盗聴：猜疑心の強いニクソンは側近に対しても秘密裏に情報収集を行っていた。ニクソン自身もウォーターゲート事件の際、ホワイトハウス内の会話録音記録がもみ消し工作の証拠となり、辞任に追い込まれた。

＊4　台湾海峡の有事：中国はかねてから台湾を「中国の一部」としてきたが、2005年3月には台湾への軍事的行動を合法化した反国家分裂法を成立させ武力での統一を視野に入れ始めた。20年以降は台

湾周辺での人民解放軍の活動が活発化。米国が艦船を派遣するなど緊張が高まっている。

＊５ 大統領別邸：カリフォルニア州を地盤とするニクソンは同州サンクレメンテに別邸を構え、「第２のホワイトハウス」としてしばしば執務に利用した。

＊６ 日本からの繊維輸出：１９６９年当時の日本からの対米繊維輸出額は約５億ドル。米国からの輸入は約１０００万ドルで、68～70年の間に全米で約４００の繊維工場が閉鎖され70年には１万１０００人以上が失業したとされる。

＊７ 繊維と核に関する２枚の紙：「繊維」については１９７０年１月からの５年間で、原則的にすべての繊維製品の輸出上限を69年６月までの１年間の実績値とすることを要請した。「核」については「緊急事態に際し、事前通告をもって核兵器を再び持ち込むこと、および通過させる権利」が「最小限の必要事項」とされ、その際に嘉手納、辺野古、那覇など現存の核貯蔵地の再使用を求めた。

＊８ ガット：第２次大戦の引き金となった世界経済のブロック化を防ぐため１９４７年に調印された「関税および貿易に関する一般協定」（ＧＡＴＴ）は、その実施機関としてジュネーブに事務局本部を設置。国際間の貿易紛争はこのガット本部で協議されることになった。

＊９ メースＢ撤去：メースＢの存在は沖縄に依然として核があることの象徴とされ、総選挙を意識する佐藤は若泉を通じて米側に早期の撤去を求めていた。

＊10 沖縄返還20周年記念セミナー：返還20周年を記念して国際交流基金日米センターと日本国際問題研究所が共催し１９９２年５月13～14日に都内で開いた。当時の交渉関係者や研究者らが多数参加。ハルペリン、若泉は出席したが、キッシンジャーは不参加。

＊11　若泉敬の服毒自殺：１９９６年7月27日、福井県鯖江市の自宅で青酸カリを服毒。若泉は94年6月にも大田《おおた》昌秀《まさひで》・沖縄県知事に「『結果責任』を取り、（沖縄の）国立戦没者墓苑において自裁します」とする遺書を送ったが、この時は思いとどまっている。

〈出典〉

☆1　Memo；Halperin to Kissinger,“Appointment,Friday,18 July,4:30p.m.,”July 17,1969,op.cit

☆2　中島琢磨博士論文「佐藤政権期の日本外交に関する研究」（２００５年）

3・3

〈脚注〉

＊1　外務省共同声明案：当時の条約課長・中島敏次郎は「何らの追加的取決めもなく」を挿入したことについて「『核付き』じゃありませんよということをきちんとしておきたいという意識があった」と『外交証言録』の中で指摘している。特別取り決めを主張する下田大使案を強く拒否する姿勢がうかがえる。

＊2　米側の「一方的声明」案：米側が求めた「好意的な（favorable）」という文言は、事前協議の際の「イエス」とほぼ同義ととられかねないとして、日本側は「積極的な（positive）」への差し替えを主張した。

＊3　外務省の「一方的声明」案：１９６９年8月19日付の外務省公文書「総理発言案」では「本案は、総

理の国会報告の一部という形で起案したもの」との注釈が付いている。当初、佐藤が帰国後に国会で表明するはずだったこの「一方的声明」は、米側から共同声明の直後に間髪入れず表明することを求められ、急遽ワシントンで行うことになった。

＊4 キッシンジャー回想録：『White House Years』（１９７９年）

＊5 核条項の国務省案：当時、東京で行われていた愛知外相―マイヤー米大使の公式ルートでの交渉では、他の案件で日本側が譲歩しない場合、核条項について国務省が強硬な文案を出してくるのではないかとの観測があった。

〈出典〉

☆1 中島琢磨博士論文「佐藤政権期の日本外交に関する研究」

☆2 東郷文彦『日米外交三十年』

3・4

〈脚注〉

＊1 小部屋でのサイン：米側の議事録では「美術品」ではなく「写真」を見せたことになっている。ちなみにこの小部屋は後にビル・クリントン大統領がインターンのモニカ・ルインスキーとの情事に使った場所。

＊2　周辺事態法：日本の周辺地域で放置すれば日本の平和及び安全に重要な影響を与える事態に対応し、日本が実施する措置などを定めた法律。１９９９年に成立。自衛隊による米軍支援など「安保条約の効果的な運用」を目的とした。

〈出典〉

☆1　外務省外交文書「佐藤総理・ニクソン大統領会談（第1回11月19日午前）」（アメリカ局１９６９年11月27日）

☆2　若泉敬『他策ナカリシヲ信ゼムト欲ス』

☆3　『天神町放談　年譜・愛知揆一』（愛知揆一遺稿集刊行会）

■第4章

4・1

〈脚注〉

＊1　読売新聞のスクープ：２０１０年度の新聞協会賞（編集部門）を受賞。

＊2　中島琢磨・九大准教授が２０１２年2月に行った佐藤龍太郎へのインタビューによると、佐藤栄作は首相を辞めた後に龍太郎に対し、合意議事録について「愛知とも相談した」と打ち明けていたという。

＊3　民主党政権の密約調査：２００９年11月に岡田《おかだ》克也《かつや》外相が「いわゆる『密約』問題に関する有識者委員会」（座長・北岡伸一東大教授）を設置。10年3月に軍用地原状回復費の肩代わりほか4つの密約

について岡田外相に報告書を提出した。

＊4　「討議の記録」：事前協議の具体的運用のために藤山外相とマッカーサー2世駐日大使が１９６０年1月6日にイニシャル署名した非公式文書。これを根拠に米側は核搭載艦船の「立ち寄り」「寄港」は「持ち込み」に当たらないとしてきた。２０００年に米国家安全保障公文書館が行った文書開示請求で解禁された。日本政府はその存在を否定してきたが、民主党政権下での外務省調査でコピーが見つかった。

＊5　繊維問題の決着：輸出規制で余剰の出る繊機の買い上げなどのために繊維業界へは７５１億円の救済融資が実施され、さらに１２７８億円の追加救済融資が補正予算として計上された。

＊6　輸出規制反対決議：１９６９年5月9日に衆議院が満場一致で可決した。

＊7　ニクソン・ショック：キッシンジャーの極秘訪中を受けて１９７１年7月15日にニクソンは電撃的に訪中計画を発表（実際の訪中は72年2月）。さらに1か月後の8月15日に米ドルと金の交換停止を宣言し、戦後の国際政治、経済秩序を大きく変えた。いずれも米国の力の衰えが背景にあったとされるが、日本への事前通告はなく「意図的に佐藤首相に恥をかかせた」との指摘も多い。

〈出典〉

☆1　栗山尚一「外交証言録　沖縄返還・日中国交正常化・日米『密約』」（岩波書店）

☆2　１９９７年5月17日の琉球朝日放送「秘密文書が明かす沖縄返還」の土江真樹子によるインタビュー

☆3　「いわゆる『密約』問題に関する有識者委員会報告書」（２０１０年3月9日）など

☆４　五百旗頭真編『戦後日本外交史』（有斐閣）

☆５　中島敏次郎『外交証言録　日米安保・沖縄返還・天安門事件』

４・２

〈脚注〉

＊１　財政・経済交渉：米側の関心事項は、①ドル価値を毀損しない通貨交換、②日本に移管される米資産の補償、③琉球政府への日本の過渡的財政支援、④基地の移転費用の日本負担、⑤在沖基地の無償使用と補償費負担、⑥返還後の米民間企業活動への公平な取り扱い、とされた。

＊２　ポスト佐藤：佐藤は福田赳夫を後継と考えていたが、１９７２年７月の総裁選では資金力に勝る田中角栄が中曽根康弘らを取り込み、決選投票でも大平正芳、三木武夫の支持を得て福田に圧勝した。

＊３　米公文書によると、実際の内訳は当初「民生用資産費１億７５００万ドル」「労務費６２００万ドル」「核兵器撤去費５００万ドル」「使途を明らかにしない支出５８００万ドル」の計３億ドルだったが、交渉の最終局面でＶＯＡ通信所の移転費１６００万ドルと軍用地の原状回復費４００万ドルの計２０００万ドルが追加され総額３億２０００万ドルとなった。

＊４　ＶＯＡ通信所移転：共産圏向けに宣伝放送を行っていたため日本政府は中国を刺激するとして撤去を要求。最終的に沖縄返還から５年間はＶＯＡ施設の継続使用を認め、その後は２年後に協議を始めることで合意した。１９７７年にフィリピンへ移転。

＊５　西山事件：１９７２年３月、社会党の横路孝弘《よこみちたかひろ》らが毎日新聞記者・西山太吉から提供された外務省極

秘電文のコピーを手に国会で追及した。コピーの決裁欄から漏洩したのが外務審議官の女性事務官だったことが判明。その後、西山が事務官との私的な関係からコピーを入手していたことがわかり、西山と事務官は国家公務員法違反の疑いで４月４日に逮捕された。

＊６　ルイジアナ購入：米国は１８０３年に仏領だったルイジアナを破格の１５００万ドルで購入。英国と対立していたナポレオン１世がカナダ経由で英国がルイジアナに侵攻することを恐れ格安で譲ったとされる。

＊７　密約文書焼却記事：毎日新聞が２０１０年12月22日、公開された外交文書のうち米軍用地の原状回復費４００万ドルを日本が肩代わりした密約をめぐるファイルの中から３通の機密電報を焼却した痕跡を示すメモが見つかったと報じた。

〈出典〉

☆１　我部政明『沖縄返還とは何だったのか』（ＮＨＫブックス）
☆２　北海道新聞２００６年２月８日朝刊
☆３　２００９年８月25日に東京地裁提出

■第5章

5・1

〈脚注〉

＊1 国政参加選挙：立法院は1961年から「沖縄県民の参加なしに沖縄問題を決定することは、県民の意思に反して米国の不当な支配に合意したあやまちを再びくりかえすものである」などと国政参加決議を度々行い、返還合意前の国政選挙で沖縄代表を選出するよう求めた。しかし自民党は「返還前の国政参加は憲法上疑義がある」として反対。ところが返還合意後の69年11月には返還前にもかかわらず一転して賛成し、70年11月に沖縄から衆院5、参院2を選ぶ初の国政選挙が行われた。

＊2 「目立つ基地の返還」：1971年3月20日の外務省アメリカ局・条約局作成「沖縄返還交渉全般について」では、返還を求める基地・施設について「特定の施設の解放は、政治的考慮からするもの」との記述がある。具体名としていずれも都市部の那覇空港、那覇軍港、与儀貯油施設、マチナト住宅区域（＝牧港米軍住宅）を挙げた。

＊3 基地リスト：三つの区分がなされた1972年5月15日の日米合同委員会の合意議事録（「5・15メモ」）について、沖縄側は県民生活に関わるとして公開を求めてきた。その全文が公表されたのは四半世紀後の97年3月のことだった。

＊4 届かなかった建議書：この日のことについて、屋良朝苗日誌では「党利党略の為には沖縄県民の気持ちと云うのは全くへいり（弊履）の様に踏みにじられるようなものだ」と綴られている。

＊5 米議会の批准：米上院は1971年11月10日、賛成84、反対6、欠席10で承認。

〈出典〉

☆1　波多野澄雄編『日本の外交　第2巻　外交史　戦後編』（岩波書店）

☆2　外務省外交文書「東郷・スナイダー会談（8月21日午後）」（1969年8月21日）

☆3　外交史料館所蔵「沖縄関係17」0600-2010-00029,H22-012

☆4　外務省外交文書「愛知大臣・マイヤー大使会談　大臣発言振り」（1971年3月31日）

☆5　小山高司「沖縄の施政権返還前後における米軍基地の整理統合をめぐる動き」（防衛研究所・戦史研究年報）

☆6　1972年3月21日の第68国会衆院内閣委員会議事録

☆7　Armin H. Meyer「Assignment: Tokyo, an Ambassador's Journal」

5・2

〈脚注〉

＊1　ソード・フィッシュ号放射能漏れ事故：1968年5月、海上保安庁佐世保海上保安部が停泊中の米原潜ソード・フィッシュ号周辺の放射能観測を行ったところ、通常の20～30倍の数値を観測。連絡を受けた科学技術庁は原潜由来かどうか不明とし、後の米国調査では原潜由来を否定した。

＊2　サイミントン委員会：米国の海外での軍事的関与を調査するのが目的で、背景には政府が議会の承認を得ずに他国と軍事協定を重ね、それが財政悪化を招いているのではないかとの疑いがあった。委員長は民主党のスチュアート・サイミントン議員。

＊３ 海兵隊移設計画：国防総省システム分析班はコスト、軍事戦略両面から太平洋地域の海兵隊駐留に最適な場所としてサンディエゴを挙げた。駐日大使館も普天間基地と基幹的な司令部だけを残して沖縄からの海兵隊撤退の可能性を指摘した。国務省には韓国移設案もあった。

＊４ 日米安全保障条約運用協議会（ＳＣＧ）：公使と審議官クラスが安全保障問題を広範に協議する場として１９７３年１月に設置が合意された。

＊５ 大平正芳：１９７３年2月27日の衆院沖縄・北方問題特別委員会で大平外相は「軍隊の数、基地の面積からしても、圧倒的に高度の負担を沖縄が負っている」とし、「沖縄だけではなく、（日本）全体の基地関係者の十分な理解と協力を得なければならない」と、本土移転の可能性を示唆した。

＊６ 基盤的防衛力：脅威対応型ではなかったため、北朝鮮の挑発行為が頻度を増した２０１０年の防衛大綱では、これに代わり機動性や即応性を重視する「動的防衛力」の構築を目指す方針が示された。

＊７ 思いやり予算：財政赤字に苦しむ米国が貿易黒字をため込む日本に不満を募らせている中で、１９７８年６月に金丸信《かねまるしん》防衛庁長官が「思いやりの立場で対処すべきだ」として、在日米軍基地で働く日本人雇用者の給与の一部62億円を日本負担とすることを決めた。給与負担は日米地位協定で認められた範囲を逸脱していたが、後にこれを特別協定で補った。

〈出典〉

☆１ 中島琢磨博士論文「佐藤政権期の日本外交に関する研究」（２００５年）

☆２ Tokyo06186,"Master Facility Study-Japan",April 10,1973,SNF 1970-73,Box1754,NA.

☆3　Tokyo8445,“Forth Security Consultative Group Meeting-July 2,5,1973”The National Security Archive

☆4　久保卓也個人論文「防衛力整備の考え方」１９７１年２月20日

☆5　Memorandum for the President from Henry A. Kissinger “Military Strategy for Asia” Aug 1,1973,NSCIF,Box H-242,NPL

☆6　Memorandum for the File,“Future of US-Japan Security Relations”,Jan 9,1973,Office of Country Director for Japan, Records Relating to Japanese Political Affairs,1960-75,Box 10,NA

☆7　「History of the Joint Chiefs of Staff and National Policy 1973-76」

5・3

〈脚注〉

＊1　尖閣諸島領有の論拠：中国はこのほか、①中国の15～18世紀の文献に尖閣諸島の中国名記載がある、②中国の16～17世紀の文献で明朝の海防範囲に含めていた、などと主張している。

＊2　ピンポン外交：１９７１年３～４月に名古屋市で開かれた世界卓球選手権の大会終了後に中国が米国チームを招待したことから始まった米中接近に至る外交プロセス。大会中に中国チームのバスに間違えて乗り込んできた米国選手に対し、中国選手が友好のメッセージを伝えたことがきっかけとされる。

＊３　キッシンジャーの極秘訪中：ニクソン訪中の準備としてキッシンジャーは１９７１年７月９日にアジア歴訪の最後の地パキスタンのラワルピンディから極秘裏に北京に入り周恩来首相らと会談。これを受けてニクソンは15日に訪中計画を発表し世界を驚かせた。

＊４　韜光養晦：「韜光」は名声や才覚を覆い隠すこと、「養晦」は隠居すること。鄧小平は１９９２年の「南方視察講話」中で、「目立たないようにしながら（韜光養晦）一生懸命に働けば、国際社会で影響力を持てるようになるだろう。そうして初めて国際社会で大国になれる」と話したとされる。

〈出典〉

☆１　外務省公電１９７１年６月10日８７７号「アイチ外務大臣　ロジャーズ国長官会談」

☆２　矢吹晋『尖閣衝突は沖縄返還に始まる』（花伝社）

☆３　「Foreign Relation of the United States, 1969-76 Vol.17」

☆４　同

☆５　中島敏次郎「外交証言録　日米安保・沖縄返還・天安門事件」

５・４

〈脚注〉

＊１　沖縄が人民解放軍の標的：防衛省が開示した統合幕僚学校の部内資料「『諸外国の最新の軍事戦略の動向に関する調査・研究』研究成果」（２０１２年）は、台湾有事について「米国及び日本などの同

盟国に対するサイバー攻撃、通信等衛星への攻撃を皮切りに、対台湾着上陸作戦、ほぼ同時に在日米軍基地など台湾近傍の基地へも対地ミサイルが撃ち込まれ、米軍はかなりの被害を受け即応できない状態となる」と指摘した。

＊2　鳩山由紀夫インタビュー：筆者が共同通信在籍中の２０１１年1~2月、不首尾に終わった普天間の県外移設の経緯を聞くため2日間にわたって計3時間のインタビューを行った。

＊3　四次防：自主防衛を唱える中曽根長官の指揮下で編成され、１９７２~76年の5年間を対象に、通常兵器による局地戦による侵略に有効に対処することを目的とした。72年2月の閣議で決定。原案の予算総額は５兆２０００億円だったが、最終的には４兆６０００億円に縮小された。

＊4　51大綱：向こう10年程度の安全保障政策の基本指針を定めるのが防衛大綱。51大綱は、世論を意識して拡大一途の防衛力に一定の歯止めを掛け、正面装備よりも後方支援部門の整備に力点が置かれた。軍事費のＧＮＰ１％枠もこの時に定められた。

＊5　ロッキード事件：１９７６年に発覚したこの事件は、実は沖縄返還交渉から始まった日米同盟深化の余禄でもあった。田中角栄は全日空の機種選定に絡み5億円の賄賂を受け取ったとして逮捕・起訴されたが、近年の研究では賄賂の真の趣旨は当時政府内にあった対潜哨戒機の国産化計画を破棄させ、同社のＰ３Ｃの購入を迫るためのものだったとされる。日本政府は77年にＰ３Ｃの導入を決定。米国から計１００機（1機１００億円超）を購入した。ニクソン政権の安全保障担当補佐官だったリチャード・アレンはＮＨＫ「未解決事件　File. 5ロッキード事件」（２０１６年7月放送）の取材に対し、キッシンジャーがニクソンにＰ３ＣとＥ２Ｃ（グラマン社の早期警戒機）の購入を田中に迫るべきだ

と進言したことを明らかにし、「米国が望んでいた日本の軍事的な役割の強化にもつながった」と証言している。米国からの兵器購入拡大は、このほかにも71年１月の日米首脳会談でニクソンが佐藤にＦ５ジェット練習機の購入を打診していたことが分かっており、元駐日大使マイヤーは４次防では10億ドル近い兵器が米国から購入される見通しになったと回顧録で綴っている。

＊６　日米ガイドライン：日本が他国に攻撃された場合や周辺国有事の際の自衛隊と米軍の役割分担を定めた指針。中国の海洋進出や米国の軍事費削減を反映し２０１５年に「新ガイドライン」として改定された。

＊７　シーレーン防衛：原油などの海上交通路の安全を確保するための防衛措置で、81年の訪米時に鈴木首相は「約１０００カイリを憲法上の自衛範囲として守っていく」と述べ、フィリピン以北グアム以西がその範囲とされた。大型護衛艦や対潜哨戒機が多数導入されるきっかけとなった。

＊８　ナイ・リポート：ジョセフ・ナイ国防次官補が冷戦終了後の東アジア安全保障環境を分析し、当面の米軍の構想を提示した報告書。大幅削減が噂された東アジアの米軍は10万人態勢が維持され、米国のアジア重視が鮮明となった。これが後の新ガイドライン策定や日米同盟の再定義につながっていく。

＊９　アーミテージ・リポート：対日外交の指針としてリチャード・アーミテージ元国務副長官が２０００年から執筆する政策提言報告。ジョセフ・ナイらも参画して超党派の提言が盛り込まれ、米政権の対日要望が強く盛り込まれているとされる。

〈出典〉

☆1　外務省・日本外交文書「平和条約の締結に関する調書 Ⅵ」

☆2　添谷芳秀『日本の外交　「戦後」を読みとく』（筑摩書房）

☆3　坂田道太『小さくても大きな役割』（朝雲新聞社）

☆4　大浜信泉他『沖縄復帰への道』（南方同胞援護会）

☆5　「検証　米秘密指定報告書『ケーススタディ沖縄返還』」（岩波書店）土江真樹子のインタビュー

参考文献（出典に挙げた文献を除く）

『アメリカ外交と官僚』（モートン・ハルペリン・サイマル出版会）
『沖縄県公文書館収蔵資料に見る日米安保50年』（仲本和彦・沖縄県公文書館研究紀要）
『沖縄と海兵隊：駐留の歴史的展開』（屋良朝博、川名晋史、齊藤孝祐、野添文彬、山本章子・旬報社）
『沖縄の返還合意からいま何を学ぶか』（東郷和彦・産大法学46巻4号）
『沖縄返還協定の研究』（瑞慶山茂・汐文社）
『沖縄返還協定の問題点』（宮崎繁樹・法学セミナー１９７１年９月号）
『沖縄返還交渉における外務省の覚悟』（中島琢磨・外交 Vol.8）
『沖縄返還後の日米安保』（野添文彬・吉川弘文館）
『沖縄返還と日米安保体制』（中島琢磨・有斐閣）
『沖縄返還20周年記念セミナー論集』
『沖縄返還の代償』（「ＮＨＫスペシャル」取材班・光文社）
「沖縄返還をめぐる政治過程」（渡辺昭夫・『国際政治』第52号）
『沖縄返還をめぐる政治と外交』（河野康子・東京大学出版会）
『沖縄密約をあばく』（沖縄密約情報公開訴訟原告団・日本評論社）
『沖縄問題の起源』（ロバート・Ｄ・エルドリッヂ・名古屋大学出版会）
『基地の消長』（川名晋史・勁草書房）

『１９６０年代沖縄返還交渉と首相『特使』若泉敬』（後藤乾一・『アジア太平洋討究』No.11）
『正伝・佐藤栄作』（上）（下）（山田栄三・新潮社）
『ジョンソン米大使の日本回想』（アレクシス・ジョンソン・草思社）
『戦後日米交渉を担った男　外交官・東郷文彦の生涯』（伊奈久喜・中央公論新社）
『日米安保改定への道』（我部政明・政策科学・国際関係論集創刊号）
『日米安保70年の本質』（豊下楢彦・『世界』２０２１年10月号）
「日米ガイドラインからたどる同盟と自主」（北井邦亮・『メディア展望』２０２１年５月号～２０２２年２月号）
『日米同盟の原型』（我部政明・『国際政治』第１３５号）
『日本の『非核政策』と沖縄返還・序説』（高原孝生・明治学院論叢１９９２年３月31日）
『反安保の論理』（具島兼三郎・三一書房）
『東アジアの国際政治』（具島兼三郎・評論社）
『米軍基地権と日米密約』（信夫隆司・岩波書店）

沖縄返還関連年表

年	事項
【1951年】	
3・18	社会大衆党、人民党がそれぞれ本土復帰運動の推進決議
9・8	サンフランシスコ講和条約、日米安保条約調印（52年4月28日発効）
【1952年】	
2・28	岡崎ラスク交換公文（基地の暫定使用）
【1953年】	
1・17	第1回祖国復帰沖縄県民大会
4・3	米軍が土地収用令公布、「銃剣とブルドーザー」による強制収用開始
11・24	昭和天皇が基地問題で「一部の犠牲ハ已むを得ぬと考へる」
【1954年】	
1・7	アイゼンハワー大統領が一般教書演説で沖縄基地の無期限保有を言明
3・2	ボールドウィン国際人権連盟議長が日本の人権団体に書簡
【1955年】	
1・13	朝日新聞が「米軍の『沖縄民政』を衝く」掲載
5	米海兵隊が岐阜、山梨から沖縄への移駐発表
7・21	阿波根昌鴻らが「乞食行進」開始（～56年2月）
9・3	嘉手納村（現嘉手納町）で米兵による6歳女児強姦殺人事件

【1956年】	
6・20	「島ぐるみ闘争」始まる
12・25	那覇市長選で瀬長亀次郎当選（当選判明は26日）
【1957年】	
6・21	岸信介首相がアイゼンハワー大統領と会談、日米共同声明
【1958年】	
1・12	那覇市長選で瀬長後継の兼次佐一当選
【1959年】	
3	国務省が「琉球は日米関係の摩擦源」との報告書
6・30	石川市の宮森小に米軍ジェット機墜落18人死亡
【1960年】	
1・6	朝鮮議事録に藤山外相とマッカーサー大使が署名
1・19	改定日米安保条約署名（6月19日国会承認、6月23日発効）
1・19	岸ハーター交換公文署名（事前協議の要件）
4・28	沖縄県祖国復帰協議会結成
【1961年】	
3・5	ケネディ大統領がマクナマラ国防長官に沖縄の状況を懸念する書簡
4・19	ライシャワー駐日大使に着任
8上	ライシャワーが沖縄訪問
9・19	コザ市の米兵ひき逃げ事件で4人死傷
12・7	具志川村の民家に米軍ジェット機墜落し2人死亡4人重軽傷

【1962年】	
1・18	ケネディが沖縄の施政権保持宣言
2	ライシャワーが来日したケネディ司法長官に沖縄返還進言
3・19	ケネディが「琉球諸島は日本の一部」と表明
12・20	嘉手納で米輸送機墜落し2人死亡8人重軽傷
【1963年】	
3・5	キャラウェイ弁務官が演説で「沖縄の自治は神話」
4・4	ライシャワーが大平外相に一時寄港は核持ち込みに当たらないとの見解
10・24	楠田實が「Sオペ」と名付けた政策グループ創設進言の佐藤宛書簡
11・22	ケネディ暗殺、ジョンソン大統領就任
【1964年】	
2・1	立法院が沖縄住民代表の国政参加要請を採択
5・5	Sオペ政策案「沖縄に限った日米琉の軍事基地協定を暫定的に結んで返還を促す」
7・4	佐藤栄作が記者会見で初めて「米国に沖縄返還を要求する」と発言
7・10	自民党総裁選で佐藤敗北
7・31	キャラウェイが弁務官退任
秋	枝村純郎北米課首席事務官が訪米し千葉とともに国務、国防の沖縄担当官と会談
11・9	池田勇人首相が病気辞任、佐藤栄作内閣発足
12・29	佐藤がライシャワーとの会談で「相手が核を持ったら核を持つのは常識」
【1965年】	
1・13	佐藤ジョンソン共同声明で「沖縄の基地が極東の安全に重要」と確認

2・7	米軍が北爆開始
3・8	在沖海兵隊がベトナム・ダナンに上陸
4・28	戦後最大の復帰県民大会
6・11	読谷村で米軍トレーラーが落下し小学生死亡
7	ライシャワーがラスク国務長官に「沖縄統治は時間の問題」との書簡
8・19	佐藤首相が沖縄を訪問し「沖縄復帰がない限り戦後終わっていない」と演説
秋	国務省と国防総省が基地機能損なわず施政権返還可能かの検討開始
【1966年】	
春	大濱信泉らが訪米
5・19	米空中給油機が嘉手納基地近くで墜落し1人死亡
6	国務省が「米国による琉球統治の展望は概ね悲観的」との報告書
7	国防総省と国務省の「琉球ワーキンググループ」発足
夏	下田武三外務次官が外務省課長クラスとの会食で〝三本の箸〟論
11	国務省内で沖縄・小笠原返還問題の本格検討開始
11・8	ジョンソンが駐日大使に着任
12	「世論の圧力で日本政府が米利益に反する政策選択も」との大使・弁務官報告
【1967年】	
1	マクナマラが米上院で西ドイツのメースB撤去方針表明
1・31	ライシャワー前駐日大使が米公聴会で基地固定化し返還の可能性言及
初春	「沖縄問題等懇談会」が2度目の訪米
2・1	下田外務次官が会見で「基地自由使用で国民がはっきりした態度を決める必要」

2・17	第2次佐藤内閣発足
2・18	佐藤が記者会見で「本土と沖縄の一体化を図るのが大事。下田発言は観念論」
2・24	教育公務員関連2法案で教職員と警察隊が衝突
2・24	アンガー高等弁務官が「沖縄は日米が争うほど重要ではない」と陸軍長官宛書簡
3	日米安保政策担当者会議で米高官が「日米はもっと大きな問題について考え始める時期」と言明
4・11	太平洋軍司令部のシャープ提督が沖縄基地の代替案としてグアム、マリアナ諸島を検討すべきとの書簡
5	日米安全保障協議委員会・小委員会の初会合
6	琉球新報世論調査「基地一切撤去返還」24・6%
7・15	ジョンソン大使が三木武夫外相に「問題の核心は日本が沖縄の現状と政治的責任増大のいずれを選ぶかということ」
7・17	ザヘーレン参事官が枝村北米課長に「日本は強い交渉ポジションにある」
8・1	「沖縄問題等懇談会」を首相諮問機関として発足
8・7	ハルペリンがマクナマラに70年以前に返還合意手続きを促す覚書
8・25	若泉がハルペリンに「軍部説得に日本側でできることがあったら言ってほしい」
9	「琉球ワーキンググループ」が報告書で「沖縄に安保適用は日本と調整可能」
9・13	日米閣僚会議でラスク国務長官が「沖縄基地の役割を妨げないなら返還が実現」
10・3	下田が会見で核撤去に否定的見解
10・8	佐藤が南ベトナムなど歴訪へ出発。新左翼学生らが羽田闘争
10・19	沖懇第5回会合で70年以前に返還時期メド提言
10・20	吉田茂死去

10・27	ロストウが若泉敬に公開の場での佐藤の米国のベトナム政策支援を希望
11・1	沖懇が中間報告「両3年内に返還時期で合意が望ましい」
11・11	若泉がロストウに「できることあれば率直に。責任もって総理を説得する」
11・12	若泉がロストウに70年6月以前の返還合意求めた手書きのメモ
11・13	佐藤が米側の求めるベトナム政策支持を応諾。沖縄基地弱化させないと断言
11・15	「両3年内に返還時期合意」盛り込んだ佐藤ジョンソン共同声明
11・16	ハルペリンが千葉一夫らに「日本の責任分担は沖縄返還の最も重要な部分」
12	東郷文彦北米局長が省内向けメモ「基地の自由使用を認めれば施政権返還できない理由ない」
【1968年】	
1・23	プエブロ号事件
1	大濱泉信が石垣島の講演会で「沖縄の返還は1972年ごろが適切」と発言
1・30	テト攻勢始まる
1・31	ジョンソン大統領が主席公選認める
2・5	戦略爆撃機B52が嘉手納基地常駐開始
2・17	沖縄基地問題研究会が第1回会合
3・15	王子野戦病院の開設発表
3・31	ジョンソン大統領が北爆の部分停止と次期大統領選不出馬表明
5・6	佐世保停泊中の米原潜ソード・フィッシュ号で放射能漏れ事故
5初	大濱がスタンフォード大のセミナーで「沖縄問題は癌腫にもたとうべきもの」
6・2	板付基地の米軍F4Cファントムが九大構内に墜落
6・26	小笠原諸島返還

8	知念襄二がパスポート焼き捨て逮捕
8・21	ニクソンが大統領選で繊維輸入規制の公約
9	日米事務レベル協議で外務省が「基地問題は都市と工業地帯に集中」と米側に地方移管を提案
9下	ハルペリンが若泉に「最終的には核は一応撤去する」
10・15	若泉が佐藤に核抜きの可能性を報告
10・29	三木が外相辞任。翌30日に総裁選出馬表明
10・31	ジョンソン大統領が北爆の全面停止発表
11・5	ニクソンが大統領選で当選
11・8	佐藤3選出馬表明。「来夏以降に訪米し沖縄返還実現」と公約
11・10	初の主席公選で屋良朝苗当選
11・15	高瀬保・京産大教授が佐藤の命で渡米
11・19	嘉手納基地でB52墜落
11・30	第2次佐藤第2次改造内閣発足
12・8	愛知揆一外相が外務・防衛幹部と箱根勉強会
12中	政府世論調査で「時間かけても基地は本土並み返還」45%
12・23	日米安全保障協議委員会で米側が約50の在日米軍施設の整理統合提示
12・23	若泉が佐藤に「『核抜き』だけはなんとか行けそう」と報告
12末	日米合同委の帰途、ハルペリンが千葉に「対米交渉は軍事戦略でなく政治的観点で」と助言
12・28	ジョンソン大使が愛知に返還条件として沖縄から韓国への作戦行動の自由要求
【1969年】	
1・6	下田大使が一時帰国し佐藤と会談。「ポラリス寄港と自由使用認めるべき」。佐藤は「(日本)全体の中で

	沖縄の役割をうすめる余地があるはずだ」
1・6	下田が会見で「現状維持と本土並みの中間の妥当な線で解決する以外にない」
1・9	下田が屋良に「時期が遅れて本土並みの基地か、暫定的に妥協かの二者択一」
1・10	ジョンソン大使が愛知の「特別取り決め」の提案に「非常に勇気づけられた」
1・13	下田が佐藤から「核抜き」の対米交渉指示される
1・14	ジョンソン大使が国務次官就任のため帰国
1・15	若泉がキッシンジャーと初会談。沖縄や日本への無知に驚く
1・20	ニクソン大統領就任
1・21	米国家安全保障研究メモランダム（NSSM）5号発出
1・28	沖縄基地問題研主催の日米京都会議（〜31日）
2・1	沖縄県労協が2・4ゼネスト回避
2・11	基地研が招いた米議員らが沖縄民意の不在に疑義表明
2・12	大濱が佐藤に京都会議の内容報告
3・3	リーサー陸軍長官が太平洋地域の補給基地を沖縄に一元化すると表明
3・6	在日米陸軍司令部が在日陸軍の全面撤退の意向伝達
3・8	沖縄基地問題研が「核抜き本土並み」の最終報告書
3・10	佐藤が参院予算委で沖縄への安保適用、核撤去方針表明
3・21	千葉が訪米し国務・国防関係者と協議（〜26日）
4・1	岸ニクソン会談
4・1	千葉が「核より戦闘作戦行動の自由に重点を置いている」と帰朝報告
3〜4	外務省が「特別取り決め」取り下げ「核抜き本土並み」返還方針固める

4・15	厚木発の米ＥＣ１２１偵察機が日本海で北朝鮮軍に撃墜される
4・24	駐日大使館から国務省宛公電内で「日本政府が交渉に琉球政府を参加させたがらない」と指摘
4・28	訪米した東郷がジョンソンらと会談（首脳会談に向けた予備折衝スタート）
4・28	空席の駐日大使にマイヤー・イラン前大使を任命
4末	ＮＳＣがＮＳＳＭ５号で核撤去、緊急時持ち込み権利の方針決定
5・9	衆院が繊維自主規制反対決議を全会一致で採択
5・10	愛知が東郷と協議。事前協議は不足部分を一方的声明で補うよう指示
5・28	ＮＳＣが国家安全保障決定メモランダム（ＮＳＤＭ）13号を極秘決定
6・2	愛知が訪米しニクソンと会談
6・3	愛知がロジャーズとの会談で「軍事基地の撤去要求するものではない」
6・3	ニューヨーク・タイムズが米政府は核撤去決定済みと報道
6・5	全軍労24時間スト
6・16	若泉が来日中のロストウからキッシンジャーとのバックチャネル開設促される
6・20	千葉が屋良に愛知訪米報告。屋良は法的でなく基地負担の「本土並み」求める
6・21	佐藤が若泉と面会。若泉はホットライン設置を進言
7・10	若泉が佐藤と面談。訪米が「情報収集」でなく事実上の折衝と確認
7・10	愛知が新駐日大使マイヤーと会談（共同声明交渉スタート）
7・17	マイヤーが愛知との協議で戦闘作戦行動についての秘密合意を促す
7・17	ハルペリンが若泉との会談で秘密合意促す。キッシンジャーには「このチャネルを使えばイニシャティブが取れる」と進言
7・18	若泉がキッシンジャーと会談し、秘密合意に譲歩姿勢示す

7・18	ウォールストリート・ジャーナルが「沖縄基地でＶＸガス事故」と報道
7・21	キッシンジャーが若泉との会談で基地の自由使用で保証求める
7・24	外務省「共同声明案に対する見解」で地位協定の枠組みの中で基地の承認要求
7・25	ニクソンがグアムで同盟諸国の自助努力求める声明
7・31	東郷が最初の共同声明案。核は「日本の政策に背馳することなきよう」
8・9	佐藤がロジャーズ国務長官に「韓国有事の場合、日本が影響を受けることは当然」
8・12	スナイダーが若泉を自宅に招き、台湾への自由出撃での「イエス」確約に固執
8・13	佐藤が若泉に「事前協議で韓国の場合は、イエスと言うのは当然だ」
8・18	外務省が朝鮮半島、台湾、ベトナムに差をつけた一方的声明対案
8・20	屋良が愛知を訪問。基地の密度における本土並みを訴える
8・22	若泉が佐藤から「(米側に)できるだけのことをする」との言質引き出す
8・28	若泉がキッシンジャーに「佐藤は可能な最大限の手助けをしたい」と伝える
9・10	スナイダーが東郷に対し韓国以外にも台湾に関する秘密了解も必要と説明
9・12	訪米した愛知が「事前協議制度の米国の立場を害することなく」の文言提示
9・14	スナイダーが韓国と台湾の表現を同一にしない日本側の主張を容認と表明
9・15	ロジャーズが愛知と会談。核条項以外の共同声明大筋合意
9・18	木村俊夫官房副長官が屋良に「沖縄の基地が将来も縮小されないとは思わない」
9・25	佐藤が松江市で「成果が上がらなかったら私の責任を問うてほしい」
9・25	ハルペリンが若泉に「佐藤首相が繊維をやってくれれば、非常に喜ぶだろう」
9・26	若泉がキッシンジャーとの会談で自ら核再持ち込みの秘密了解を提案
9・30	キッシンジャーが若泉と会談。繊維と核の2枚の文書を手交。

10・21	財政・経済問題の柏木ジューリック協議が開始
10・23	若泉が佐藤と会談。繊維と核の密約に後ろ向きの佐藤に若泉いら立つ
10・27	若泉が佐藤と会談。佐藤が秘密合意に応じる意向
10・28	条約局「共同声明説明資料」で沖縄の米軍駐留継続が望ましいとの考え方明記
11・4	米国務・財務省が財政・経済問題で総額6億円台後半のリストを駐日米大使館に送付
11・6	佐藤が若泉との協議で核再持ち込みの密約を応諾
11・6	若泉がワシントンで核条項案、繊維に関する覚書、核「合意議事録」作成
11・11	キッシンジャーが若泉に繊維の覚書履行を求め、若泉は佐藤を説得すると回答
11・12	財政・経済問題が実質合意
11・13	キッシンジャーが合意議事録と引き換えに国務省案控えるべきと大統領に進言
11・15	帰国した若泉が佐藤に報告。佐藤は「大成功だ。有難う」
11・18	キッシンジャーはニクソンに核密約と繊維輸出規制を密使が確約と報告
11・19	佐藤ニクソン会談初日（沖縄問題、安保条約）
11・20	佐藤ニクソン会談2日目（繊維問題）
11・21	佐藤ニクソン会談3日目。日米共同声明で「72年に核抜き本土並み返還」
11・21	佐藤がナショナルプレスクラブで演説
11・24	外務省が屋良に説明。基地の現状固定化を意味するかとの問いに「否」と回答
11・26	佐藤一行が帰国。屋良は羽田に迎えに行かず
11・29	若泉が首相公邸訪問。密約について佐藤は「あれはちゃんと処置したよ」
12・2	衆院解散
12・2	柏木ジューリック秘密覚書

12・4	米軍が基地労働者約２４００人の解雇発表
12・27	総選挙投開票。自民は２７２議席から２８８議席。追加公認含めて３００議席の圧勝
【1970年】	
1・8	全軍労が初の48時間スト
1・17	キッシンジャーが若泉へ電話。「12月末と言った約束はどうなっているのか」
2・18	ニクソンが外交教書でニクソン・ドクトリン表明
3・31	沖縄復帰対策の基本方針を閣議決定
5・6	外務省北米一課の内部文書で、「非協調的な姿勢をとりがちな琉球政府の扱いには十分注意」との記述
5・30	具志川市（現うるま市）で女子高生が米兵に刺され重傷
6・5	沖縄返還協定作成交渉始まる
6・23	日米安保条約自動延長
6・24	宮沢喜一通産相とスタンズ商務長官との繊維交渉が決裂
7・6	沖縄の米陸軍司令部が韓国駐留の工兵隊を沖縄に統合と発表
8・31	マイヤーが愛知に返還協定の米案提示。３条で「米国基地の保持継続」
9	米側がベトナム海兵隊の沖縄移管を日本政府に伝達
10・7	中曽根康弘防衛庁長官が訪沖しランバート高等弁務官に沖縄の米軍基地縮小求める
10・21	吉野文六公使が米側に那覇市内の貯油施設、牧港住宅地区、軍港の返還可能性打診
10・24	佐藤がニクソンと首脳会談
10・29	自民党総裁選で佐藤４選
11・15	沖縄の国政参加選挙
11・17	グラハム在日米軍司令官が中曽根に本土米軍約1万2千人の撤退計画伝える

12・2	日米協議で三沢、横田基地のファントム飛行隊を嘉手納などに移管伝達
12・20	コザ暴動
12・21	日米安全保障協議委で、本土の米軍の整理・縮小が合意
12・22	愛知がマイヤーに「沖縄の米設備及び用地の詳細な見直しを行う必要があり」
12・22	ニューヨーク・タイムズが「沖縄返還は米軍完全撤退への第一歩」との米軍関係者の見方報道
【1971年】	
1・13	米軍基地の毒ガス撤去作業始まる
2・20	久保卓也防衛局長が個人論文で〝米軍人質論〟を展開
3	愛知がマイヤーに「那覇市内の目立つ基地の返還」要請
3・8	日本繊維産業連盟が「自主規制宣言」。米側は拒否
3・11	横田基地のＦ４Ｃファントムが嘉手納基地へ移駐開始
4・3	米軍がベトナム駐留海兵隊の沖縄移駐を発表
4・27	外務省「沖縄返還協定要旨及び関連問題の概要」で返還焦点に、那覇空港など
5・12	北米一課長作成の「本土並み」の誤解ただす外相国会説明を上司が削除
6・1	南沙織のデビュー曲「17歳」発売
6・7	ニクソンが尖閣を含めた施政権返還を決定
6・9	日米外相会談でロジャーズが愛知に尖閣問題で台北との話し合いを要請
6・17	沖縄返還協定調印
7・9	キッシンジャーが極秘訪中
8・15	米国がドルと金の交換停止を発表（ニクソンショック）
8・15	ニクソンが10月15日までに繊維協定なければ「対敵取引法」を発動すると警告

10・8	政府が本土復帰の際に1ドル＝３６０円で差額補償決定
10・15	田中角栄通産相がケネディ特命大使と繊維自主規制の仮調印
10・16	沖縄国会（～12月27日）
10・22	政府が75年の沖縄海洋博決定
10・29	佐藤が衆院予算委で「早く返ってくることが大事。基地縮少は今後の問題」
11・10	返還協定批准反対ゼネスト
11・10	米上院で返還協定批准
11・17	衆院特別委で返還協定強行採決。屋良の携えた建議書届かず
11・24	衆院が非核三原則を決議
【1972年】	
1・7	佐藤ニクソン会談で返還期日を5月15日に決定
1・10	福田外相が「関東計画」公表
3・24	全軍労無期限スト
4・4	西山太吉が国家公務員法違反容疑で逮捕
5・15	沖縄が本土復帰。日米合同委開催、返還後に米軍が使用する基地を合意
6・9	キッシンジャーが公人として初来日し、10日に首相公邸で佐藤と会談。若泉も同席
6・25	屋良朝苗が沖縄県知事に当選
7・7	田中角栄内閣発足
12	松田慶文安全保障課長が米側に米軍への財政支援考慮を表明
12・18	沖縄振興開発計画が閣議決定

【1973年】

1・23　日米安保協議委で関東平野の7基地返還を了承。米軍基地の施設改善を日本負担で行うことを合意

1・27　ベトナム戦争終結に向けたパリ和平協定調印

2・6　米軍機が那覇空港で着陸に失敗し炎上

4・12　金武村で薬きょうを拾いに来ていた女性を米軍戦車が轢殺

4・24　米海兵隊による県道104号線越え実弾射撃訓練

5・3　復帰記念の沖縄特別国体開会

6　山中貞則防衛庁長官が沖縄の基地縮小について「積極的に進めていくべき」

7　日米安保条約運用協議会で久保防衛局長が「海兵隊は維持されるべき」

8　キッシンジャーがニクソンに沖縄の海兵隊維持を進言

【1974年】

8・9　ニクソン大統領辞任、フォード大統領就任

12・9　三木武夫内閣発足

【1975年】

4・2　坂田道太防衛庁長官が国会でシーレーン防衛に言及

6・3　佐藤栄作死去

7・17　皇太子夫妻が沖縄訪問、ひめゆりの塔で火炎瓶投擲

7・20　沖縄海洋博（〜76年1月18日）

【1976年】

10・29　基盤的防衛力を軸とした「防衛計画の大綱」（51大綱）閣議決定

【1978年】	
8・12	日中平和友好条約署名（10月23日発効）
11・28	日米防衛協力のための指針（ガイドライン）合意
【1981年】	
5・8	日米首脳会談の共同声明で「同盟関係」の文言
【1982年】	
4	那覇空港の施設管理権が米軍から航空自衛隊へ移管
【1991年】	
1・17	湾岸戦争始まる
4・24	自衛隊掃海艇のペルシャ湾派遣を閣議決定
【1992年】	
5・13	「沖縄返還20周年記念セミナー」開催（～14日）
【1994年】	
5・15	若泉敬『他策ナカリシヲ信ゼムト欲ス』発行
【1995年】	
2	「ナイ・リポート」で東アジアに10万人の米兵力維持
9・4	米兵3人が小学女児を暴行
9・28	大田昌秀知事が米軍用地強制使用の代理署名拒否
10・21	少女暴行に抗議する県民総決起大会に8万5千人
【1996年】	
2・23	橋本クリントン会談で普天間問題が初めて提起

4・12　橋本モンデール会談で普天間飛行場の5～7年以内返還を合意

7・27　若泉敬自殺

12・2　SACO最終報告で普天間代替施設を「沖縄本島東海岸沖」と盛り込む

【1997年】

3・25　「5・15メモ」の全文公表

9・23　日米両政府が新ガイドラインで合意

【1999年】

4・29　小渕恵三首相が沖縄サミット決定

11・22　稲嶺惠一知事が普天間移設先を辺野古沿岸域と発表

【2000年】

7・21　沖縄サミット（～23日）

【2003年】

11・16　ラムズフェルド国防長官が普天間を視察し「世界一危険」と指摘

【2004年】

8・13　沖縄国際大に普天間離陸の米海兵隊大型ヘリが墜落

【2005年】

10・31　日米両政府がシュワブ沿岸へのL字型移設案で合意

【2007年】

3・27　東京地裁が西山太吉の国賠請求を「20年の除斥期間を過ぎ請求権消滅」と棄却

【2009年】

7・19　鳩山由紀夫が「最低でも県外」演説

8・30	衆院選で民主党が圧勝し政権交代
9・16	鳩山内閣発足
12・22	読売新聞が核持ち込みの密約文書スクープ
【2010年】	
4・6	鳩山首相が外務・防衛幹部に徳之島移設案
4・7	朝日新聞が徳之島移設案報道
5・4	鳩山が沖縄訪問で県内移設回帰を表明
5・28	日米両政府が普天間移設先をシュワブ辺野古崎地区と発表
12・3	メア日本部長が「沖縄の人はゆすりの名人」と講演
【2011年】	
3・11	東日本大震災
6・21	2＋2で辺野古埋め立てによるV字型滑走路決定
【2012年】	
8	第3次アーミテージ・リポート
10・1	米軍がオスプレイを普天間に配備
12・26	衆院選で民主党大敗（12月16日）、安倍晋三内閣発足
【2013年】	
12・6	特定秘密保護法成立
12・27	仲井真弘多知事が辺野古埋め立て承認
【2014年】	
4・1	武器輸出三原則を閣議で撤廃

8・18	沖縄防衛局が辺野古の海底ボーリング調査開始
11・16	翁長雄志が沖縄県知事初当選
【2015年】	
9・19	集団的自衛権の限定的行使容認含む安保関連法成立
【2016年】	
9・16	福岡高裁那覇支部が辺野古違法訴訟で県側敗訴の判決
【2017年】	
2・6	沖縄防衛局が辺野古で海上工事開始
【2018年】	
8・8	翁長知事死去
9・30	玉城デニーが沖縄県知事初当選
12・14	沖縄防衛局が辺野古埋め立てのための土砂投入開始
【2019年】	
2・24	沖縄県民投票で辺野古基地建設のための埋め立て反対71・7%
5	末次一郎遺族が基地研議事要録など遺品を国会図書館に寄贈
【2021年】	
3・9	デービッドソン米インド太平洋軍司令官が中国の6年以内の台湾侵攻言及
4・16	菅バイデン会談で52年ぶり「台湾」に言及

章扉デザイン　板倉 洋
年表作成　デザイン・プレイス・デマンド

河原仁志（かわはらひとし）

東京都出身。ジャーナリスト。1982年に共同通信社入社。ニューヨーク支局員、経済部長、ニュースセンター長、編集局長などを経て2019年退社。在職中の'17～'19年に東京大学大学院情報学環でジャーナリズムの講座を持ち、明治大学、早稲田大学、名古屋大学などでも非常勤講師を務める。現在は公益財団法人・新聞通信調査会で事務局長。著書に『沖縄をめぐる言葉たち』（毎日新聞出版）、共著に『「西武王国」崩壊』（東洋経済新報社）がある。

沖縄《おきなわ》50年《ねん》の憂鬱《ゆううつ》 新検証《しんけんしょう》・対米返還交渉《たいべいへんかんこうしょう》

2022年4月30日初版1刷発行

著　者 ― 河原仁志
発行者 ― 田邉浩司
装　幀 ― アラン・チャン
印刷所 ― 萩原印刷
製本所 ― ナショナル製本
発行所 ― 株式会社光文社
東京都文京区音羽1-16-6（〒112-8011）
https://www.kobunsha.com/
電　話 ― 編集部03(5395)8289　書籍販売部03(5395)8116
業務部03(5395)8125
メール ― sinsyo@kobunsha.com

　ISBN 978-4-334-04603-3

光文社新書

1183
感染症としての文学と哲学
福嶋亮大

文学者や哲学者がいかに感染症＝病のイメージを自らの思考に取り入れてきたか。病とは人にとって何なのか。病気とともに生きてきた人間の一側面を鮮やかに切り取る病の文化史。

978-4-334-04591-3

1184
学校では学力が伸びない本当の理由
林純次

教育界のブラック化、教員の低レベル化、毒親の変異化、児童・生徒の二極化、カリキュラムのカオス化――8万部『残念な教員』著者による危機の教育論。より良い教育の実現のために。

978-4-334-04592-0

1185
歴史検証 なぜ日本の野党はダメなのか？
「自民党一強」を支える構造
倉山満

自民党の〝政権独占〟は「無能な野党」に支えられている――。民主政治の本来の姿とは何か。私たち有権者ができることは何か。政治を諦めないために憲政史家が歴史を遡って検証する。

978-4-334-04593-7

1186
鎌倉幕府と室町幕府
最新研究でわかった実像
山田徹　谷口雄太
木下竜馬　川口成人

従来の中世史の常識を覆す研究が次々と発表される昨今、新進気鋭の研究者四名が、最新の学説をまとめて二つの幕府の実像を明らかにする。すべての歴史愛好家注目の一冊。

978-4-334-04594-4

1187
中国が世界を牛耳る100の分野
日本はどう対応すべきか
高橋五郎

深まる米中対立。しかし、「一帯一路」をはじめ中国の現状を見れば、どちらが勝者かは一目瞭然だ。なぜここまで国力を伸ばせたのか。その源泉を中国研究40年の著者が明らかにする。

978-4-334-04595-1

光文社新書

1188

弱くても稼げます

シン・サッカークラブ経営論

小山淳　入山章栄
松田修一　阿久津聡

真に地域に密着し、安定と成長を実現する方程式はあるのか。サッカークラブを起ち上げ5年でJリーグ入りさせた起業家が、第一線の経営学者たちと語るスポーツ産業の未来地図。

978-4-334-04596-8

1189

「現代写真」の系譜

写真家たちの肉声から辿る

圓井義典

私たちはさまざまなジャンルの写真に囲まれて暮らしている。本書では「現代写真」に着目し、日本を代表する写真家たちが何を模索し、何を語ってきたのかを辿ることで流れを一望する。

978-4-334-04597-5

1190

ネットで故人の声を聴け

死にゆく人々の本音

古田雄介

故人が生前残したブログやHP、SNSからは死に際しての隠せぬ本音が見え隠れする。故人がインターネットに残した足跡とどう向き合うべきか？　15の事例から迫っていく。

978-4-334-04598-2

1191

女性自衛官

キャリア、自分らしさと任務遂行

上野友子
武石恵美子

「命を懸けてでもこの国を守る」と誓う傍ら、母親として家族も守る自衛官たちが見出した、究極のワークライフバランスとは？　女性自衛官の生の声にみる新・女性キャリア論。

978-4-334-04599-9

1192

映画を早送りで観る人たち

ファスト映画・ネタバレ――コンテンツ消費の現在形

稲田豊史

映画を早送りする視聴スタイルの背景には、現在の巨大な消費社会の存在があった。人々がそうせざるを得ない切実さに向き合い、コンテンツ受容の変化を徹底的に取材した意欲作。

978-4-334-04600-2

1193
写真はわからない
撮る・読む・伝える——「体験的」写真論
小林紀晴

「撮る者」は日々どんなことを考え、どう行動して写真を生み出しているのか。「誰もが撮影者」である時代に考えたい「いい写真」とは? 初心者からプロまでに贈る、著者初の写真論!

978-4-334-04601-9

1194
物理学の野望
「万物の理論」を探し求めて
冨島佑允

物理学は何を積み重ねてきたのか。その目的は何か。難しい公式や計算は一旦隅に置いといて、まずはその歴史を知ろう。読めば途端に物理学が面白くなる、2500年の物理学史!

978-4-334-04602-6

1195
沖縄50年の憂鬱
新検証・対米返還交渉
河原仁志

二〇二二年五月は沖縄が日本に返還されて五十年。当時の交渉は、日本にとって帳尻の合うものだったのか——。ジャーナリストが新史料を交えて考察する、「いびつな日本」の原点。

978-4-334-04603-3

1196
一軍監督の仕事
育った彼らを勝たせたい
髙津臣吾

勝ち続けるための「スワローズ・ウェイ」、「育てながら勝つ」チームマネジメント、「絶対大丈夫」に代表される言葉力——2年連続最下位からのペナント制覇と日本一達成の裏側を記す。

978-4-334-04604-0

1197
日本の生命科学はなぜ周回遅れとなったのか
国際的筋肉学者の回想と遺言
杉晴夫

他人の成功を妬む国民性、教授の利己性と後継者の矮小化、教授の言いなりの政府の見識欠如、記者や編集者の著しい劣化…筋収縮研究の最前線での60年の経験から綴る課題と提言。

978-4-334-04605-7